Édition : BoD · Books on Demand, 31 avenue Saint-Rémy, 57600 Forbach, bod@bod.fr
Impression : Libri Plureos GmbH, Friedensallee 273, 22763 Hamburg (Allemagne)

ISBN : 978-2-8106-2833-9
Dépôt légal : février 2025

Du même Auteur :

- La formation des aviateurs de la Royal Air Force et du Commonwealth 1934 - 1945. Histoire, programmes et matériels. ISBN 978-2322541973.

- Chasseurs de nuit et *Intruders* de la Royal Air Force contre la Luftwaffe : La première guerre électronique aérienne, 1939 - 1945. ISBN 978-2322540396.

- Notes à l'intention des Pilotes pour différents appareils de la Royal Air Force (voir liste en fin d'ouvrage).

Table des matières

AVERTISSEMENT

Ces Notes à l'intention des Pilotes ont bien évidement été traduites uniquement pour leur intérêt historique et ne doivent en aucun cas être employées pour le vol sur de vrais avions (pour les rares lecteurs qui ont la chance de posséder un Halifax, un Hamilcar ou autres Spitfire dans leur jardin !). Ces manuels étaient constamment tenus à jour et il a fallu choisir de traduire une version particulière qui n'est quasiment jamais la publication la plus récente. [1] La version traduite est donc une sorte de "photographie" dans le temps. Souvent, le choix de la version a été imposé par le peu de documentation ayant survécu ou par l'histoire particulière d'un avion.

Par contre, l'usage de ces manuels avec des simulateurs de vol peut permettre de vérifier le réalisme des logiciels et apporter une nouvelle dimension à cette activité, par exemple en suivant strictement les procédures recommandées.

---

[1] Par exemple, ici, c'est une révision d'octobre 1944 qui a été choisie pour refléter les informations mises à la disposition des pilotes à ce moment de la guerre, même si les Notes des Dakota ont été à nouveau révisées après cela (par exemple en février 1946 pour le Dakota IV).

INTRODUCTION

Les lecteurs intéressés trouveront les conventions de traduction ainsi que l'histoire des manuels à l'intention des Pilotes dans **l'ouvrage de cette série consacré au Tiger Moth** [2] : la plupart des pilotes formés pendant la guerre ayant débuté sur cet avion, il a paru logique qu'il serve de base pour cette série de manuels.

Abréviations principales

AP : Air Publication (Publication *[du Ministère]* de l'Air britannique).
PN : Pilot's Notes (Notes à l'intention des Pilotes).   RAF : Royal Air Force.
TNA : The National Archives - UK (Archives Nationales britanniques).

Le Dakota dans la RAF

En 1933, la compagnie Douglas répond à une spécification de la TWA avec un avion bimoteur, monoplan, entièrement métallique pour douze passagers : un unique DC-1 est construit, laissant la place en 1934 au DC-2, un peu plus long avec 19,1 m, pour 14 passagers. Face au succès commercial du DC-2, les compagnies aériennes encouragent Douglas à concevoir un appareil de plus grande capacité. Ainsi naquit le DC-3 en 1935, long de 19,7 m, pouvant emporter jusqu'à 32 passagers. Le premier contrat militaire pour 147 C-47 n'a été passé que le 16 septembre 1940.

Les C-47 ont quelques différences notables par rapport au DC-3. Une grande porte cargo est installée, un astrodôme est prévu pour le navigateur, les réservoirs sont réarrangés, l'envergure est augmentée de 15 centimètres et le plancher est renforcé. Le DC-3 et les C-47 ont été motorisés de façon variable : Bristol Pegasus et Pratt & Whitney R-1820 ou R-1830 (ce dernier développant 1.200 ch).

Au début de la guerre, la RAF n'avait pas d'appareil de transport de grande capacité, affectant à ce rôle des bombardiers obsolètes (Bristol Bombay ou Handley Page Harrow). Pour larguer des parachutistes ou remorquer des planeurs de combat, ce sont d'abord des bombardiers Armstrong Whitworth Whitley ou Short Stirling qui ont été utilisés. Finalement, 26 Escadrons de la RAF ont reçu des Dakota avec les appellations suivantes :

Version RAF	Appellation US	Moteurs
Dakota Mark I	C-47 Skytrain	
Dakota Mark II	C-53 Skytrooper	Pratt & Whitney R-1830-92
Dakota Mark III	C-47A Skytrain	
Dakota Mark IV	C-47B Skytrain	Pratt & Whitney R-1830-90C

---

[2]   *"Notes pour les Pilotes de Tiger Moth T. Mk. 2"*, ISBN : 978-2322561292.

L'un de ces appareils, escorté par les Spitfire du 1er Escadron, a eu l'honneur de transporter Churchill le 23 mars 1945 jusqu'à Venlo aux Pays-Bas pour qu'il assiste le lendemain à l'opération *Varsity* de franchissement du Rhin.

L'importance du Dakota dans la logistique alliée est clairement démontrée par la multitude de chargements standards autorisés. En février 1946, la RAF avait développé 143 chargements standards pour cet avion : [3]

- 47 de véhicules et 1 de motocyclettes ; 7 de remorques ;
- 26 de tracteurs et bulldozers et 21 d'autres matériels roulants du Génie ;
- 8 d'éléments de pontage et 5 de canots d'assaut ou de radeaux ;
- 2 des Transmissions (avec Jeep) ;
- 17 de l'Artillerie ;
- 1 de transport de barils de carburant ;
- 7 de matériels divers et 1 de transport de mules.

Eisenhower aurait déclaré que les quatre inventions qui ont permis aux Alliés de gagner la guerre étaient la jeep, le bazooka, la bombe atomique et le C-47.

Quel avion pour quel planeur de combat ?

Faute de mieux, les Britanniques ont d'abord affecté des appareils dépassés au remorquage des planeurs. Le biplan Hector (avion de coopération avec l'Armée de terre) a par exemple été jugé apte au remorquage des planeurs Hotspur. Les bombardiers Whitley, qui avaient pourtant été les premiers à bombarder le Reich et l'Italie, ont également été rétrogradés pour tracter des Hotspur, Hadrian ou Horsa. Le nouveau bombardier bimoteur Armstrong Whitworth Albemarle, qui est rejeté par le Bomber Command en raison de capacités offensive et défensive insuffisantes ainsi qu'une vitesse et un rayon d'action trop faibles, est rapidement récupéré comme une bénédiction pour l'emploi aéroporté. À partir de 1943, les bombardiers Stirling, et dans une moindre mesure les Halifax, s'avèrent trop vulnérables pour le Bomber Command, notamment à cause d'un plafond opérationnel faible, et sont retirés graduellement des raids sur l'Allemagne. Certains sont donc reversés dans des escadrons dédiés au transport de parachutistes et au remorquage de planeurs. Le tableau [4] ci-après résume les principales combinaisons [5] testées ou employées par la RAF pour les vols d'entraînement ou de combat. Il ne se veut pas exhaustif, puisque certaines combinaisons ont parfois été testées une seule fois, sans laisser de trace documentée.

---

[3] Air Publication l'AP2453D Volume I Binder 3 *"Airborne Forces and Supply by Air : carriage of equipment"*.

[4] Pour les instructions de remorquage de planeurs, on pourra se reporter aux Notes à l'intention des Pilotes de planeurs traduites dans cette série (par exemple le Horsa).

[5] Le terme anglais "combination" désigne le couple avion remorqueur et planeur. La plupart des rapports d'essais britanniques sont conservés dans la série AVIA 21, TNA. Les planeurs Hengist et CG-13A ont été ignorés ici faute de place.

AVIONS REMORQUEURS		PLANEURS DE COMBAT			
		Hotspur	CG-4A	Horsa	Hamilcar
Monomoteurs	Master	E, TT		TT *	
	Harvard, Martinet, Lysander, Audax	E			
	Hector	E (x2)			
	Spitfire	C		TT *	
Bimoteurs	Whitley	OK, TT		E, TT	
	Wellington	OK	OK	OK	
	Albemarle		OK	OK	
	Warwick		OK		
	Beaufighter			*	
	Boston, Commando C-46			OK	
	Dakota	OK	OK (x2)	OK	
	Hudson	OK (x2)	OK	OK	
Quadri-moteurs	York **			OK	
	HP67 Hastings **				OK
	Lancaster, Stirling		OK	OK	OK
	Halifax		OK (x2)	OK	OK

(x2) = Un ou deux planeurs possible(s) derrière un unique avion remorqueur.

TT = "Twin tugs" : Deux avions remorqueurs tirant un unique planeur.

* Pas de rapport connu. [6]   ** Combinaison testée après-guerre.

E = Entrainement uniquement.   C = Convoyage uniquement.

OK = Combinaison approuvée pour l'entraînement et le combat.

On notera qu'à la différence des avions remorqueurs employés par les Britanniques, qui sont des bombardiers "détournés", les C-47 ne sont équipés ni d'armement défensif, ni de blindage, ni de réservoir auto-obturant. Ils sont donc très vulnérables pour un emploi tactique en zone de combat.

Pour l'anecdote, le C-47 est le seul avion remorqueur à avoir été évalué comme planeur potentiel : en 1944, le centre d'essais américain du Clinton County Army Air Field a modifié un C-47-DL en planeur par retrait des moteurs et des réservoirs pour son remorquage par deux autres C-47 en tandem ou par un B-24.

---

[6] Par exemple, le Journal de marche du 13 décembre 1941 de la 2ème École de Formation sur Planeurs mentionne l'essai (non satisfaisant) d'un Fairey Battle comme avion remorqueur de Hotspur (dossier AVIA 29/524, TNA). Autre exemple, un Heyford III a été utilisé par le centre de recherches de Farnborough pour tracter un Hotspur entre juillet 1940 et avril 1941 (photo Imperial War Museum réf. H6500). On peut aussi voir sur les films d'époque des essais de CG-4A tractés par un B-25 Mitchell, un P-38 Lightning, un PBY Catalina, un B-17 Fortress (2 planeurs) ou un C-54 Skymaster (3 planeurs).

NOTES POUR LES PILOTES DE
DAKOTA I, III & IV

DEUX MOTEURS TWIN WASP R1830-92 ou -90C

RÉVISIONS

À mesure des besoins, des listes de révisions seront publiées.

Ces listes seront enduites de colle pour que l'on puisse les fixer à l'intérieur de la couverture du livre.

Chaque liste de révisions comprendra toutes les mises à jour récentes et, si nécessaire, des feuillets à coller aux endroits voulus dans le texte.

On devra certifier l'insertion d'une liste de révisions en inscrivant ci-dessous la date de l'entrée et les initiales de la personne ayant effectué cette mise à jour.

LISTE N°	INITIALES	DATE	LISTE N°	INITIALES	DATE
1	A. B.	Oct. 44	2		

NOTES POUR LES UTILISATEURS

Cette publication se divise en cinq parties : Description, Pilotage, Caractéristiques, Situations d'Urgence et Illustrations.

La première partie ne donne qu'une brève description des commandes avec lesquelles le pilote devra se familiariser.

Ces notes complètent la Publication *"A.P.2095 - Notes générales pour les Pilotes"* et supposent une parfaite connaissance de son contenu. Tous les pilotes devraient être en possession d'un exemplaire de la Publication A.P. 2095 (voir A.M.O. A93/43). [7]

Les mots en lettres capitales indiquent les marquages tels qu'ils existent sur les commandes correspondantes.

Des exemplaires supplémentaires peuvent être obtenus à l'A.P.F.S. *[Air Publications and Forms Store]*, Fulham Road, S.W.3, en portant sur le formulaire R.A.F. 294A, en double, le numéro de cette publication en toutes lettres : A.P. - 2445 A, C & D - P.N.

Les commentaires et les suggestions devront être transmis par la voie hiérarchique au Ministère de l'Air. (D.T.F.).

---

[7] Ordre du Ministère de l'Air, catégorie "Administrative". Le Ministère avait une production prolifique d'ordres de ce type : 476 en 1938, et 1.205 en 1945 !

DAKOTA I, III & IV

MINISTÈRE DE L'AIR
Février 1944
(Révisé, octobre 1944)

PUBLICATION DE L'AIR
2445 A, C & D - P.N.
Notes à l'intention des Pilotes

NOTES POUR LES PILOTES DE DAKOTA I (C.47), DAKOTA III (C.47A) ET DAKOTA IV (C.47B)

TABLE DES MATIÈRES

Ière PARTIE - DESCRIPTION

IIème PARTIE :
PILOTAGE

IIIème PARTIE :
CARACTÉRISTIQUES D'UTILISATION

IVème **PARTIE :**
SITUATIONS D'URGENCE

Vème **PARTIE :**
ILLUSTRATIONS

---

[8]   La mise en drapeau de l'hélice place les pales dans le lit du vent pour réduire la trainée et évite à l'hélice de faire tourner le moteur lorsque ce dernier est en panne.

[9]   Le dévirage consiste à utiliser l'hélice pour fournir une traction négative et un couple moteur. Cette position est employée pour la remise en marche du moteur.

Ière PARTIE
DESCRIPTION

CIRCUITS DU CARBURANT ET D'HUILE

1. **Réservoirs de carburant** : Le carburant est emporté dans quatre réservoirs, deux dans chaque aile. Les capacités sont les suivantes :

Chaque réservoir principal (à l'avant)	202 gallons U.S. *(765 litres)*
Chaque réservoir auxiliaire (en arrière)	200 gallons U.S. *(757 litres)*
Total par côté	402 gallons U.S. *(1.522 litres)*

(12 gallons U.S. = 10 gallons Impériaux *(= 45,4 litres)*)

En outre, jusqu'à huit réservoirs peuvent être emportés dans le fuselage, quatre de chaque côté, chacun de 102 gallons U.S. *(386 litres)* de capacité. Chaque moteur peut être alimenté par sa propre pompe à carburant (mue par le moteur) à partir de n'importe quel réservoir d'aile, mais normalement il sera alimenté par les réservoirs de son propre côté.

2. **Robinets du carburant**

   (i) Chaque moteur dispose d'un robinet sélecteur pour les réservoirs d'aile avec cinq positions : OFF, LEFT AUX., LEFT MAIN, RIGHT MAIN, et RIGHT AUX.. [10] Les commandes de ces robinets de sélection sont placées sur le bloc manettes. Pour le démarrage et le décollage, le sélecteur de carburant du moteur gauche doit être placé sur LEFT MAIN et le sélecteur de carburant du moteur droit doit être placé sur RIGHT MAIN, puisque ces circuits permettront l'écoulement le plus direct vers les moteurs, et aussi car les canalisations de retour de vapeur des carburateurs reviennent vers les réservoirs principaux.

   (ii) Deux robinets à fermeture à vis pour les réservoirs de convoyage dans le fuselage sont sous le plancher juste derrière le compartiment du Navigateur. Pour utiliser ces réservoirs, ouvrez ces robinets et placez les sélecteurs de carburant des moteurs sur OFF.

---

[10] Pour correspondre aux Illustrations, le texte n'a pas été traduit ci-dessus : OFF = Robinet fermé, LEFT AUX. = Réservoir auxiliaire gauche, LEFT MAIN = Réservoir principal gauche, RIGHT MAIN = Réservoir principal droit et RIGHT AUX. = Réservoir auxiliaire droit.

(iii) Deux robinets d'interconnexion, au refoulement des pompes, peuvent être actionnés par une unique commande au coin inférieur droit du bloc manettes. Normalement la commande d'interconnexion est en position OFF (fermée) : quand elle est sur la position ON (ouverte), les refoulements sous pression de chaque pompe à carburant (mue par le moteur) sont reliés, de sorte que si l'une des pompes tombe en panne, l'autre pompe fournira le carburant aux deux moteurs par la tuyauterie d'interconnexion.

Sur les avions équipés de pompes électriques de suralimentation, il n'y a pas de système d'interconnexion.

3. **Pompes manuelles va-et-vient** : Deux pompes manuelles va-et-vient, une pour chaque moteur, sont actionnées simultanément par la poignée à droite et derrière le siège du Pilote pour accroître la pression du carburant dans le carburateur pour l'amorçage et mettre en marche le moteur. Lors de la mise en marche du premier moteur, le robinet sélecteur de carburant pour l'autre moteur doit être sur la position OFF (fermé).

Sur les avions récents, des pompes électriques de suralimentation sont installées à la place des pompes manuelles. Ces pompes, qui délivrent le carburant sous 17 lb./sq.in.11 *(1,2 bars)*, doivent être en marche (ON) pour le démarrage des moteurs, le décollage et l'atterrissage, la montée sous pleine puissance, et à toute période durant laquelle la pression du carburant baisse. Les interrupteurs des pompes électriques de suralimentation sont placés au droit du siège du second Pilote au-dessus du pare-brise.

4. **Système d'amorçage** : Des vannes électriques d'amorçage, une pour chaque moteur, sont installées. Deux commutateurs placés sur le panneau de gauche des commandes électriques, doivent être mis sur la <u>position basse</u> pour amorcer le moteur (les mêmes commutateurs actionnent les vannes de dilution d'huile en <u>position haute</u>). La pression du carburant du carburateur doit être maintenue avec la pompe manuelle va-et-vient tout en amorçant. La commande de mélange doit être sur IDLE CUT-OFF. 12

5. **Jauge du carburant** : Une jauge du carburant est placée sur le côté droit du tableau de bord. Pour lire le contenu de n'importe quel réservoir de carburant, tournez le sélecteur de mesure de carburant sur

---

11   Unité de pression britannique : "livres par pouce carré", laissée ici sous l'abréviation anglaise comme dans les documents traduits à l'époque en français. La valeur convertie en bars a été ajoutée lors de la traduction.

12   L'étouffoir du ralenti permet de couper l'arrivée d'essence du gicleur de ralenti dans le carburateur pour arrêter le moteur : arrêter l'allumage ne suffirait pas puisque le mélange continuerait à être mis à feu lors de la compression par la température élevée des cylindres. Cette commande ferme donc l'orifice du gicleur qui alimente le moteur en carburant pour le régime de marche au ralenti même quand la manette des gaz est fermée.

le réservoir approprié. Le coupe-circuit général des batteries et l'interrupteur alimentant les instruments doivent être fermés (ON).

6. **Manomètres du carburant et voyants d'alarme** : Deux manomètres mesurant la pression du carburant, un pour chaque moteur, sont placés sur le côté droit du tableau de bord. Sur le Dakota I, des voyants d'alarme de pression de carburant sont installés et s'allument quand la pression de carburant est inférieure à environ 10 lb./sq.in. *(0,7 bars)*. Des voyants d'alarme de pression de carburant ne sont pas disponibles sur le Dakota III.

7. **Circuit d'huile**

 (i) Chaque moteur dispose d'un réservoir d'huile de 29 gallons U.S. *(110 litres)* de capacité.

 (ii) <u>Volets des radiateurs d'huile</u> : Les volets des radiateurs d'huile sont activés manuellement par deux commandes situées sur le côté droit du bloc manettes. Il faut les pousser vers l'avant pour ouvrir les volets, et les tirer vers l'arrière pour les fermer, et elles peuvent être placées sur n'importe quelle position intermédiaire et être verrouillées en place par le levier de blocage à leur droite.

 (iii) <u>Dilution de l'huile</u> : [13] Un système de dilution de l'huile est installé. Les commutateurs sont sur le panneau de gauche des commandes électriques, et doivent être relevés pour ouvrir les vannes de dilution de l'huile. Lorsqu'ils sont abaissés, ces commutateurs actionnent l'amorçage des moteurs.

 (iv) <u>Voyants d'alarme de pression d'huile</u> : Sur le Dakota I, les voyants d'alarme de pression d'huile s'allument quand la pression d'huile est inférieure à environ 50 lb./sq.in. *(3,5 bars)*. Il n'y a pas de voyants d'alarme de pression d'huile sur le Dakota III *[ni sur le Dakota IV]*. [14]

SYSTÈMES PRINCIPAUX

8. **Circuit hydraulique**

 (i) Il y a deux circuits hydrauliques : le système Sperry Gyropilot, [15] et le circuit hydraulique principal. Deux pompes mues par les moteurs, une sur chaque moteur, fournissent la pression hydraulique : normalement, avec la poignée de sélection de pompe en position basse, la pompe entrainée par le moteur gauche alimente le circuit hydraulique principal, et la pompe entrainée par le moteur droit alimente le système Sperry Gyropilot, mais le robinet de sélection sur le panneau des commandes hydrauliques peut être basculé pour permettre à la pompe droite d'alimenter le système principal et la

---

[13] L'huile est diluée avec du carburant afin de faciliter le démarrage le jour suivant.

[14] La révision n°1 d'octobre 1944 qui ajoute le Dakota IV n'a pas apporté de précision à ce paragraphe pour cette version de l'avion. On peut supposer qu'elle est identique au Dakota III, ce qui est confirmé par les Notes spécifiques AP2445D - PN de 1946. Le même manque de précision pour le Dakota IV est notable à d'autres paragraphes (par exemple 11, 23 ou 33).

[15] Pilote automatique, baptisé *"Georges"* par les vrais pilotes.

pompe gauche pour le système Sperry Gyropilot. Pour opérer ce basculement, il faut soulever la poignée vers le haut et vers l'avant. Dès que des coups de bélier ou des vibrations du régulateur se produisent, le sélecteur de pompe doit être mis dans la position alternative.

(ii) <u>Circuit hydraulique principal</u> : Il permet le fonctionnement :
Du train d'atterrissage.   Des freins.   Des essuie-glaces.
Des volets hypersustentateurs.   Des volets de refroidissement.

Un accumulateur hydraulique est installé, et un régulateur de pression maintient la pression hydraulique dans le système entre 650 et 850 lb./sq.in. *(45 à 59 bars)* : cette pression est indiquée par le manomètre arrière placé du côté droit du fuselage. Le manomètre avant montre quant à lui la pression dans la canalisation de descente du train d'atterrissage. Une pompe manuelle est disponible pour actionner tous les équipements en cas de panne de la pompe mue par le moteur. L'aspiration de la pompe manuelle est connectée au bas du réservoir, alors que les pompes mues par le moteur sont alimentées par des piquages placés plus haut, ce qui laisse une réserve de fluide pour l'opération manuelle. La vanne de dérivation vers la pompe manuelle, au centre du panneau des commandes hydrauliques, est normalement placée dans la position OFF (fermée), ce qui permet à la pompe manuelle d'actionner directement n'importe quel équipement hydraulique choisi mais ne mettra pas l'accumulateur hydraulique sous pression : dans cette position, la pression fournie par la pompe manuelle ne sera pas indiquée sur le manomètre arrière. Au sol, la pompe manuelle peut également être utilisée pour mettre l'accumulateur hydraulique sous pression si la vanne de dérivation est ouverte (position ON) : le manomètre arrière indiquera alors la pression de la pompe manuelle. Il faut toujours refermer la vanne de dérivation (position OFF).

<u>Dakota IV (C47B)</u> : ATTENTION. Ce modèle d'avion aura un nouveau type de sélecteurs pour le train d'atterrissage et pour les volets hypersustentateurs. Ces nouveaux types de robinets de sélection déconnectent le système concerné et en purge la pression lorsqu'ils ne sont pas placés sur les <u>positions extrêmes</u> UP, DOWN ou NEUTRAL. [16]

Lors de l'emploi du robinet de sélection du train d'atterrissage, assurez-vous qu'il soit sur l'une des <u>positions extrêmes</u> UP, DOWN ou NEUTRAL car la sélection de n'importe quelle position intermédiaire par ce robinet purgera la pression du train d'atterrissage et du circuit hydraulique.

Quand la pompe hydraulique mue par le moteur est en marche, les pressions seront maintenues à environ 500 lb./sq.in. *(34,5 bars)* quand le robinet de sélection du train d'atterrissage et/ou celui des

---

[16]   UP = Relever [le train ou les volets] ; NEUTRAL = Point mort ; DOWN = Abaisser [le train ou les volets].

volets hypersustentateurs est sur la position NEUTRAL. Mais ceci peut ne pas se produire, donc il faut être vigilant et surveiller la pression en permanence lorsque l'avion est au sol et que les commandes du train d'atterrissage et des volets hypersustentateurs sont correctement disposées.

9. **Circuit de vide** : Deux pompes à vide, une entrainée par chaque moteur, permettent ensemble le fonctionnement des instruments gyroscopiques et du pilote automatique. Le côté refoulement des pompes à vide permet le fonctionnement du système de dégivrage Goodrich.

10. **Circuit électrique**

(i) Sur le Dakota I, deux générateurs, un entrainé par chaque moteur, et deux batteries, fournissent le courant électrique sous une tension de 12 volts. Sur le Dakota III deux générateurs et deux batteries de 12 volts reliées en série alimentent le circuit électrique en 24 volts. Les équipements électriques sont :

    Éclairage de carlingue [17]

    Éclairage des instruments

    Éclairage fluorescent

    Feux de navigation et d'atterrissage

    Démarreurs pour les moteurs

    Moteurs des pompes de changement de pas d'hélice

    Solénoïdes de dilution d'huile

    Réchauffage de la sonde Pitot

    Instruments

    Klaxon avertisseur [18] et indicateur de position du train d'atterrissage

    Voyants d'alarme de pression du carburant et de l'huile

    Radio

    Vannes d'amorçage

    Pompe de dégivrage des hélices

    Pompes de suralimentation en carburant (avions récents)

(ii) Interrupteurs : Les coupe-circuit généraux des batteries sont sur le panneau de gauche des commandes électriques. Ces coupe-circuits doivent être ouverts (OFF) lors du raccordement à une batterie au sol, qui peut être connectée sous le fuselage juste en avant du bord d'attaque de l'aile. Les interrupteurs des générateurs sont dans la boîte de jonction principale du côté avant de la cloison gauche derrière le compartiment de pilotage.

---

[17] Par "carlingue", comprendre ici la partie centrale abritant passagers et/ou la cargaison. Ce terme a été préféré à "cabine passagers/cargo" pour ne pas alourdir le texte.

[18] Suite à de nombreux accidents causés par l'oubli du pilote de descendre le train d'atterrissage avant de se poser, les constructeurs ont équipé leurs avions d'un klaxon avertisseur se déclenchant lorsque le train est en position haute et que la manette des gaz est positionnée à une puissance réduite.

Le commutateur principal d'allumage doit être fermé *(ON)* en plus des coupe-circuits des batteries pour le fonctionnement de certains circuits.

11. **Système de chauffage et de ventilation**

A. <u>Avion Dakota I</u> :

(i) Une vanne d'entrée d'air juste sous le toit du côté gauche du compartiment du Navigateur permet de régler la quantité d'air entrant dans l'avion. Cette vanne a quatre positions.

(ii) Une deuxième vanne placée après celle d'entrée permet d'admettre l'air dans l'avion soit directement soit via un radiateur à vapeur. Le radiateur est alimenté par un générateur de vapeur chauffé par la pipe d'échappement du moteur droit.

(iii) Le régulateur de vapeur est sur la cloison arrière, du côté droit du compartiment du Navigateur. Quand il est placé en position haute, l'arrivée de vapeur au radiateur est coupée.

(iv) Une commande pour interrompre toute arrivée d'air au compartiment du Navigateur et des Pilotes est installée dans le compartiment du Navigateur au-dessus de la porte menant à la carlingue. Une commande semblable pour la carlingue arrière est installée à l'arrière de la porte.

(v) Dans le coin arrière gauche du compartiment du Navigateur il y a un réservoir auxiliaire d'eau. Si le contenu du réservoir principal est épuisé, indiqué par le manomètre de vapeur tombant à zéro, l'alimentation auxiliaire en eau peut être employée par l'ouverture des deux robinets en haut et en bas du réservoir auxiliaire.

B. <u>Avion Dakota III</u> :

(i) Le chauffage de la carlingue est effectué par le passage de l'air par des manchons de réchauffage sur l'échappement de chaque nacelle moteur.

(ii) Sur certains avions, cinq commandes pour le système d'air chaud sont placées dans le compartiment radio. Les deux commandes extérieures actionnent des vannes de décharge sur les manchons d'échappement, et elles doivent être ouvertes si l'air devient trop chaud : les voyants d'alarme dans le compartiment radio et à la place du second Pilote indiquent quand l'air devient trop chaud. Les deux commandes suivantes règlent la chaleur respectivement dans le compartiment radio et le poste de pilotage, et la commande intérieure est une dérivation qui est utilisée en cas de panne moteur pour fournir de l'air chaud uniquement aux compartiments de l'équipage.

(iii) Sur des modèles plus récents, il y a seulement trois commandes dans le compartiment de l'Opérateur radio : les deux vannes de décharge et un thermostat pour le compartiment radio. La vanne de dérivation n'est pas installée. Le thermostat du poste de pilotage est derrière le siège du second Pilote, dans le poste de pilotage.

COMMANDES

12. **Palonniers** : Ils peuvent être ajustés pour régler leur extension pendant le vol sur cinq positions en enfonçant le levier présent à l'extérieur de chaque pédale.

13. **Compensation d'équilibrage** : Les commandes des compensateurs de profondeur, des ailerons, et de direction sont sur le bloc manettes. Les mouvements sont tous dans le sens naturel.

14. **Pilote automatique** : Un pilote automatique "Sperry gyropilot" type A-3 est installé. Voir l'A.P. 2095. [19] Le levier d'embrayage du pilote automatique est sur la face avant du bloc manettes. Avant que le pilote automatique ne puisse être engagé le robinet d'isolement d'huile du panneau des commandes hydrauliques doit être ouvert (ON). Le manomètre de l'huile du pilote automatique sur le tableau de bord doit indiquer 120 lb./sq.in. *(8,3 bars)* pour permettre un fonctionnement correct.

15. **Blocage des gouvernes** : Les commandes de vol sont bloquées en position sur les gouvernes elles-mêmes. Un rangement pour les cales de blocage est fourni à l'arrière de la carlingue. Il n'y a aucune barre de rappel [20] ou autre type d'indication dans le poste de pilotage, et il faut vérifier avant d'entrer dans l'avion que toutes les cales de blocage des commandes sont enlevées.

16. Train d'atterrissage

(i) <u>Levier sélecteur</u> : Le levier sélecteur du train d'atterrissage est sur le panneau des commandes hydrauliques. Il a trois positions : UP, NEUTRAL, DOWN. Le sélecteur s'engage dans une encoche au point mort (NEUTRAL) et il doit être poussé vers l'extérieur avant de choisir UP ou DOWN. En vol le sélecteur doit toujours être retourné au point mort après une utilisation : ceci emprisonnera le fluide dans les pistons du train d'atterrissage : mais du fait de l'absence d'un système de verrouillage du train d'atterrissage en position haute, les roues ont tendance à s'abaisser sous leur propre poids et font donc monter la pression hydraulique dans les canalisations du train d'atterrissage. Périodiquement, quand la pression est montée vers environ 150 lb./sq.in. *(10,3 bars)* sur le manomètre avant, re-sélectionnez UP puis ramenez le levier sur NEUTRAL. Au sol, si l'avion ne doit plus voler pendant un certain temps, le sélecteur doit être placé sur la position DOWN pour supporter les variations de la température.

---

[19] Air Publication 2095 "*Pilots Notes General*" : Notes Générales pour les Pilotes, publiées pour la première fois en juin 1941, puis révisées en avril 1943, 1946, 1949, etc.

[20] Les gouvernes sont bloquées au sol pour éviter que le vent ne les fasse bouger de façon anarchique. Suite à de nombreux accidents mortels dus à l'oubli de ces cales, certains constructeurs ont équipé leurs avions d'une barre qui se place en travers du siège du pilote lorsque les gouvernes sont calées (voir par exemple le Whitley) : le pilote ne peut donc pas s'assoir tant que les cales ne sont pas retirées.

Sur le Dakota IV (C47B) il est essentiel que le levier sélecteur du train d'atterrissage soit placé sur la position UP, DOWN ou NEUTRAL. La sélection de n'importe quelle position intermédiaire entrainera la déconnection du système concerné du circuit hydraulique, une perte de pression et empêchera le fonctionnement du train d'atterrissage.

(ii) <u>Commande du verrouillage de sécurité</u> : La commande pour enclencher les verrouillages du train d'atterrissage en position basse (qui est également liée avec le sélecteur de train d'atterrissage) est sur le plancher à la droite du siège du Pilote. Elle a trois positions : POSITIVE LOCK (complètement en avant), SPRING LOCKED (levier à environ 45° par rapport au plancher) et LATCH RAISED (levier à la verticale). [21] Dans la position POSITIVE LOCK le levier de verrouillage est maintenu sur le plancher par un clip de blocage : cette position est employée après l'abaissement complet du train d'atterrissage pour enclencher les verrous de position basse solidement et rendre la rétraction impossible. Le levier sélecteur du train d'atterrissage ne peut pas être déplacé vers la position UP quand la commande du verrouillage de sécurité est sur la position POSITIVE LOCK. Cette position ne doit pas être utilisée en vol avec le train d'atterrissage rétracté, parce qu'il sera alors impossible d'abaisser complètement le train d'atterrissage avec les verrous positivement en place.

Dans la position SPRING LOCKED, le levier sélecteur ne peut pas être déplacé vers la position UP : la commande du verrouillage de sécurité doit être placée sur cette position avant d'abaisser le train d'atterrissage : les verrous de position basse s'engageront alors sous l'action de ressorts quand les roues sont entièrement abaissées.

Dans la position LATCH RAISED les verrous sont complètement désengagés et le sélecteur de train d'atterrissage peut être manœuvré vers UP ou DOWN. Le levier de la commande du verrouillage de sécurité est maintenu en position LATCH RAISED par un cliquet du sélecteur de train d'atterrissage : après la rétraction complète du train d'atterrissage et une fois le sélecteur ramené au point mort, le cliquet est automatiquement désengagé et le levier de la commande du verrouillage de sécurité revient seul à la position SPRING LOCKED. Si, cependant, le levier est dans la position LATCH RAISED et que l'on désire le mettre en position SPRING LOCKED sans rentrer le train d'atterrissage, le cliquet peut être désengagé en tirant en avant le petit bouton sur le sélecteur du train d'atterrissage ce qui repousse le ressort, ou alternativement en déplaçant le sélecteur légèrement vers UP avant de le ramener au point mort.

(iii) <u>Verrouillage au sol</u> : Des goupilles de sécurité sont fournies pour verrouiller le train d'atterrissage lorsque l'avion est au sol. Il faut vérifier que ces goupilles ont été retirées avant d'entrer dans l'avion.

---

[21] POSITIVE LOCK = Verrouillage positif ; SPRING LOCKED = Verrouillage par ressort ; LATCH RAISED = Verrous libérés.

(iv) <u>Voyants d'alarme</u> : Ceux-ci indiquent comme suit :

Train d'atterrissage verrouillé en position basse, sélecteur au point mort	voyant vert
Train d'atterrissage verrouillé en position basse, sélecteur pas au point mort	voyant rouge
Train d'atterrissage en position haute, sélecteur au point mort	voyant rouge
Train d'atterrissage en position intermédiaire	voyant rouge

Un variateur sur le tableau de bord droit permet de régler l'intensité des voyants d'alarme de train d'atterrissage.

(v) <u>Klaxon d'avertissement</u> : Il retentira :

(a) Quand le train d'atterrissage n'est pas verrouillé en position basse et que l'une des manettes des gaz est fermée :

(b) Quand le train d'atterrissage est verrouillé en position basse mais le sélecteur n'est pas au point mort.

17. Volets hypersustentateurs

(i) Le sélecteur des volets hypersustentateurs, sur le panneau des commandes hydrauliques, s'engage dans une fente sur la position NEUTRAL (point mort) et doit être poussé vers l'extérieur avant de choisir UP ou DOWN. Les volets hypersustentateurs peuvent être placés à n'importe quelle position en ramenant le sélecteur au point mort quand la position désirée est visible sur l'indicateur de position des volets. En vol le sélecteur doit toujours être retourné au point mort après une opération, mais quand l'avion est au sol pour de longues périodes le sélecteur doit être placé sur UP pour supporter les variations de la température.

Sur le Dakota IV (C47B) il est essentiel que le levier sélecteur des volets hypersustentateurs soit placé sur la position UP, DOWN ou au point mort. La sélection de n'importe quelle position intermédiaire entrainera la déconnection du système concerné du circuit hydraulique, une perte de pression et empêchera le fonctionnement des volets hypersustentateurs.

(ii) <u>Indicateur de position des volets hypersustentateurs</u> : L'indicateur de position des volets hypersustentateurs sur le tableau de bord montre la position des volets à tout moment.

18. Freins

(i) Le freinage différentiel est obtenu en enfonçant les pédales du palonnier.

(ii) <u>Frein de parc</u> : Pour appliquer le frein de parc, enfoncez à fond les pédales de freinage et tirez la poignée du frein de parc, puis relâchez les pédales. Pour libérer le frein de parc, enfoncez les pédales du palonnier. La pression hydraulique minimale pour le fonctionnement efficace des freins est de 600 lb./sq.in. *(41,3 bars)*. Si la pression est inférieure à 600 lb./sq.in. Il faut ouvrir la vanne de dérivation de la pompe manuelle et monter la pression avec la pompe manuelle. Les freins ne doivent pas être laissés engagés par temps chaud sans les relâcher de temps en temps car le fluide hydraulique se dilate et soumet alors les canalisations à une pression excessive.

19. **Levier de verrouillage de la roulette de queue** : Le levier de verrouillage de la roulette de queue est sur le bloc manettes sous les manettes de gaz. Pour libérer la roulette de queue et la rendre entièrement pivotante il faut tirer le levier en arrière et vers la gauche, le levier s'engagera dans cette position. Pour verrouiller la roulette de queue il faut déplacer le levier vers la droite et il retournera dans la position verrouillée : la roulette de queue se verrouillera en place lorsqu'elle sera dans l'axe de l'avion.

COMMANDES DES MOTEURS

20. **Carburateur**

   (i) <u>Commandes de mélange</u> : Des carburateurs à injection Stromberg sont installés. Les leviers de commande de mélange sont équipés de loquets à ressort qui s'engagent dans des encoches aux positions AUTO LEAN et AUTO RICH. La position IDLE CUT-OFF [22] est employée pour arrêter et pour démarrer le moteur. La position AUTO LEAN donne un mélange pauvre automatiquement compensé pour la pression d'admission, la température et l'altitude, et est employée seulement en vol de croisière sous la pression d'admission et les tours/minute de mélange pauvre maximal continu (30 pouces [23] *(1 bar)*, 2.250 tr/min). La position AUTO RICH donne un mélange riche automatiquement compensé et est employée pour toutes les conditions de fonctionnement du moteur supérieures à celles du mélange pauvre maximal continu. La position EMERGENCY n'est pas compensée en fonction de l'altitude et la pression d'admission et est employée seulement si la commande automatique de mélange reste coincée sur un réglage d'altitude élevée, fournissant un mélange trop pauvre pour voler aux basses altitudes : cette situation est peu probable.

   (ii) <u>Commandes des prises d'air des carburateurs</u> : Deux commandes du côté droit du bloc manettes sont avancées pour fournir de l'air froid, ou tirées en arrière pour de l'air chaud. Il est possible de bloquer ces commandes en n'importe quelle position intermédiaire par le levier de VERROUILLAGE à leur gauche. Normalement les commandes des prises d'air des carburateurs doivent être positionnées pour fournir de l'air froid, mais si les conditions sont propices au givrage elles doivent

---

[22] AUTO LEAN : mélange pauvre automatique : AUTO RICH : mélange riche automatique : IDLE CUT-OFF : étouffoir du ralenti.

[23] Les Américains mesuraient la pression d'admission du moteur en pouces de mercure ABSOLUS (y compris la pression atmosphérique au niveau de la mer). Les Britanniques la mesuraient en livres par pouce carré RELATIVES (après avoir soustrait la pression atmosphérique au niveau de la mer). Les conventions du document d'origine ont été respectées lors de la conversion en bars.

être réglées pour maintenir les températures de l'air en entrée des carburateurs à 32°C. Des thermomètres placés sur le côté droit du tableau de bord indiquent les températures de l'air en entrée des carburateurs.

Les carburateurs des avions récents sont dotés de prises d'air non-bourré (NON-RAM) [24] contrôlées par les commandes des prises d'air des carburateurs présentes sur le côté droit du bloc manettes. Ces prises d'air sont à utiliser lors d'un décollage d'un aérodrome poussiéreux, et en permanence lorsque l'avion est stationnaire. Les Pilotes doivent également s'assurer que les commandes sont placées sur la position RAM pour les conditions normales puisque les positions NON-RAM ou CARB. HEAT ON *(air chaud pour le carburateur)* entraîneront une perte de puissance.

(iii) Un interrupteur sur le panneau droit des commandes électriques permet la mise en marche de l'injection d'alcool pour dégivrer les carburateurs.

21. **Manettes des gaz**

(i) Aucune régulation automatique de la pression d'admission n'est installée. [25]

(ii) Un système de serrage est disponible sous le support quart-de-cercle des manettes des gaz pour les bloquer en position *[afin d'éviter tout mouvement sous l'effet des vibrations]*.

22. **Commandes des hélices** : Des hélices Hamilton Standard Hydromatic sont installées. Les leviers de commande de vitesse [26] doivent être avancés vers INCREASE R.P.M. pour augmenter la vitesse de rotation, ou tirés en arrière vers DECREASE R.P.M. pour la réduire.

Les boutons de mise en drapeau des hélices sont sur les panneaux des commandes électriques au-dessus du pare-brise, un de chaque côté. Quand le bouton est enfoncé pour la mise en drapeau, il reste enfoncé par un électro-aimant jusqu'à ce que la mise en drapeau soit terminée. Quand le bouton est enfoncé pour remettre l'hélice en service, il doit être maintenu enfoncé à la main jusqu'à ce que les tr/min requis soient atteints.

---

[24] Le terme anglais "ram" a été traduit par "bourrage" dans les documents français de l'époque, probablement pour différencier cet effet de compression dynamique de l'air sur les prises d'air des carburateurs qui font face à l'avant de celui dû au travail du compresseur. Donc RAM AIR = Air bourré (comprendre "compressé dynamiquement").

[25] Les avions de combat britanniques étaient presque tous équipés d'un système de régulation automatique de la pression d'admission en fonction de l'altitude. La RAF a généralement installé ce système sur les avions américains monoplaces de combat pour décharger le pilote de cette tâche (voir l'Air Publication 2242 Volume 1 *"Boost Controls for American Aero-Engines"*).

[26] Le terme de "commande de vitesse de l'hélice" est une traduction littérale du texte original : la commande permet de régler un point de consigne pour la vitesse de rotation du moteur, et le régulateur adapte le pas de l'hélice en fonction de cette vitesse et des conditions de vol. INCREASE R.P.M.= Augmenter les tr/min ; DECREASE R.P.M. = Réduire les tr/min.

22A. **Commande des compresseurs** : Dakota IV (C47B)
Sur certains avions, le bloc des commandes des compresseurs, placé sur une console à gauche du Pilote, dispose d'une position marquée NEUTRAL : il faut, cependant, ne jamais employer cette position. Dans tous les cas, déplacez les commandes de manière franche de LOW à HIGH ou de HIGH à LOW [27] et laissez-les ensuite dans la position désirée.

23. **Commande des volets de refroidissement** : Les leviers sélecteurs pour les volets de refroidissement des moteurs sont sur la cloison latérale droite près du second Pilote.

Sur le Dakota I et certains Dakota III, les sélecteurs ont cinq positions : CLOSED, OFF, TRAIL, OFF et OPEN. [28] La position TRAIL, qui ouvre les volets de refroidissement d'environ 15°, est employée pour le décollage et la montée. La position OPEN sert uniquement lorsque l'avion est au sol. Si la position entièrement OPEN (ou CLOSED) des volets de refroidissement est exigée en vol, déplacez le sélecteur sur OPEN ou CLOSED, puis ramenez-le sur OFF quand l'opération est terminée. Quand l'avion est au sol pour de longues périodes les sélecteurs doivent être laissés sur OPEN pour supporter les variations de la température. Sur certains Dakota III les commandes de volets de refroidissement ont seulement trois positions : OPEN, CLOSE, OFF. Les volets peuvent être placés sur n'importe quelle position en ramenant les commandes sur OFF quand la position désirée est obtenue.

24. **Démarreurs** : Sur le Dakota I, les moteurs sont équipés de démarreurs à inertie Eclipse. L'interrupteur de sécurité des démarreurs et les deux interrupteurs des démarreurs sont du côté droit du panneau électrique. Pour activer le démarreur, maintenez vers le haut l'interrupteur de sécurité ainsi que l'interrupteur du démarreur approprié pendant environ 12 à 15 secondes. Pour embrayer le démarreur avec le moteur, maintenez l'interrupteur de sécurité ainsi que l'interrupteur du démarreur vers le bas.

Sur le Dakota III, des démarreurs à inertie Jack & Heintz sont installés. Ils sont commandés par deux interrupteurs marqués respectivement ENERGIZE et MESH. [29] Les deux interrupteurs sont maintenus sur la position centrale par des ressorts. Il n'y pas d'interrupteur de sécurité. Les démarreurs peuvent être lancés à la manivelle et engagés par un câble d'embrayage manuel sur chaque nacelle : si un de ces démarreurs est embrayé en actionnant le câble manuel, les charbons sont retirés du moteur électrique, et par conséquent le démarreur ne peut plus être

---

[27] Rapports des compresseurs : LOW = Vitesse basse ; HIGH = Vitesse haute.
[28] CLOSED, OFF, TRAIL, OFF et OPEN = FERMÉS, OFF (repos), TRAINÉE, OFF (repos), OUVERTS.
[29] ENERGIZE = Mise sous tension du démarreur ; MESH = Embrayage du démarreur pour lancer le moteur.

alimenté en électricité tant que les charbons ne sont pas rabaissés : pour cela, actionnez l'interrupteur MESH dans le poste de pilotage : ramenez à nouveau l'interrupteur avant la mise sous tension.

AUTRES COMMANDES

25. **Dégivreurs de bords d'attaque** : [30] La commande pour les dégivreurs Goodrich est derrière le siège du second Pilote sur la cloison arrière du poste de pilotage. Il faut la tourner vers la droite pour actionner les dégivreurs.

26. **Dégivreurs des hélices** : Une pompe électrique pour envoyer du liquide de dégivrage aux deux hélices est commandée par un interrupteur principal sur le panneau électrique gauche et un rhéostat sur la cloison derrière le siège du Pilote permet de régler le débit de fluide.

27. **Dégivrage du pare-brise** : Une pompe manuelle est placée sur le côté droit du poste de pilotage pour fournir un jet pulvérisé de liquide de dégivrage. Les deux robinets verts sur les cloisons gauche et droite du poste de pilotage doivent être ouverts, ainsi que le robinet vert du réservoir de fluide de dégivrage, pour permettre à ce liquide de dégivrage d'alimenter la pompe. Il y a également une pompe électrique pour envoyer du glycol sur le pare-brise. L'interrupteur principal et un rhéostat de réglage du débit de fluide de dégivrage sont sur le tableau de bord gauche.

28. **Essuie-glaces** : Les essuie-glaces fonctionnent hydrauliquement. Le bouton variateur sur le tableau de bord gauche doit être tourné pour régler la vitesse de balayage des essuie-glaces. N'utilisez pas les essuie-glaces si la vitre du pare-brise est sèche.

29. **Voyant d'alarme de porte de carlingue** : Un voyant rouge en bas du tableau de bord droit s'allume quand la porte de carlingue est ouverte. Le coupe-circuit général des batteries et l'interrupteur alimentant les instruments doivent être fermés (ON) *[pour que ce voyant puisse fonctionner]*.

30. **Circuit d'oxygène** : Sur certains avions, un circuit d'oxygène est installé. La vanne principale est du côté gauche du poste de pilotage immédiatement à l'avant de la porte de la carlingue : elle commande l'approvisionnement aux Pilotes, à l'équipage et aux passagers.

30A. **Commutateur de sélection de la prise de pression statique** : Un commutateur à deux positions (67), [31] en bas au centre du tableau de

---

[30] Ce système est constitué de gaines de dégivrage installées sur les bords d'attaque des ailes et sur les plans horizontaux et verticaux de l'empennage. Ces gaines dégivrantes sont des sortes de boudins gonflables en caoutchouc dans lesquels de l'air peut être pulsé : avec la dilatation du caoutchouc, la glace se brise et ne s'accumule pas.

[31] Ce chiffre correspond à la légende des illustrations (voir Figure 5). Curieusement, dans cette Air Publication, aucune autre commande n'a été ainsi référencée dans le texte avec un numéro de renvoi aux illustrations, sauf pour les ajouts de la Révision n°1

24

bord, est marqué AIRSPEED TUBE, STATIC PRESSURE, SELECTOR VALVE et ALTERNATE SOURCE. [32]

Le commutateur est normalement placé sur AIRSPEED TUBE, position dans laquelle le tube de Pitot, qui est la source normale de pression statique, alimente l'altimètre, le badin et le variomètre.

Si le commutateur est placé sur ALTERNATE SOURCE les instruments fonctionneront, mais pas de façon aussi précise.

NOTE : Toutes les vitesses de pilotage citées sont applicables seulement si le commutateur de sélection de pression statique est placé sur AIRSPEED TUBE. Si la position ALTERNATE SOURCE est sélectionnée, toutes les vitesses de manœuvre doivent être augmentées de 10 m.p.h. [33] *(16 km/h)*. Sur ALTERNATE SOURCE les chiffres de l'altimètre seront faussées et peuvent être jusqu'à 150 pieds *(46 m)* trop élevés.

30B. **Instructions pour les missions de parachutage** [34]

Le C-47 peut emporter 28 parachutistes (y compris le chef largueur). Normalement, les parachutistes sautent d'une altitude de 800 pieds *(245 m)*, à adapter en fonction du terrain, de la météo et de la situation tactique.

Avant le saut :

1. Alertez le chef largueur 10 minutes avant l'arrivée sur la zone de saut.
2. Allumez la lampe rouge "tenez-vous prêts à la porte" environ 2 minutes avant la zone de saut.
3. Allumez la lampe verte "Go" quand l'avion est à la bonne vitesse et à la bonne altitude au-dessus de la zone de saut prévue.

Durant le saut, vous devez :

1. Maintenir une vitesse au badin de 110 m.p.h. *(177 km/h)*, avec train et volets rétractés.
2. Gardez l'assiette de l'avion sur la position de saut (à plat ou légèrement cabré) et veillez à maintenir l'altitude et le cap.
3. Avancez les manettes des gaz pour garder l'assiette de saut.

(comme ici), alors que ceci est pratique courante dès les premières Notes à l'Intention des Pilotes de 1939.

[32] AIRSPEED TUBE : prise de pression pour le badin, STATIC PRESSURE : pression statique, SELECTOR VALVE : robinet de sélection et ALTERNATE SOURCE : source alternative.

[33] m.p.h. = Unité de vitesse britannique : "milles terrestres par heure", laissée ici sous l'abréviation anglaise comme dans les documents traduits à l'époque en français. La valeur convertie en km/h a été ajoutée lors de la traduction

[34] Résumé ajouté ici à partir de la procédure du manuel AAF 51-129-2 *"Pilot training manual for the Skytrain C-47"* du 15 août 1945. Les instructions détaillées pour les pilotes de Dakota pour remorquer des planeurs sont en annexe des Notes à l'intention des Pilotes des différents planeurs (voir par exemple celles du planeur Horsa dans cette série).

IIème PARTIE
PILOTAGE

31. Utilisation du circuit du carburant

(i) <u>Mise en marche des moteurs et décollage</u> :

Robinet d'interconnexion   ..   .. OFF
Sélecteur moteur gauche   ..   .. LEFT MAIN
Sélecteur moteur droit ..   ..   .. RIGHT MAIN

Mais lors de la mise en marche du premier moteur, laissez l'autre sélecteur sur OFF.

(ii) <u>En vol</u> :

(a) Après le décollage continuez à voler sur les réservoirs LEFT MAIN et RIGHT MAIN pendant environ une demi-heure, car les canalisations de retour de vapeur des carburateurs sont reliées à ces réservoirs, et si les réservoirs sont complètement remplis, le carburant revenant des carburateurs sera perdu.

(b) Si des réservoirs de convoyage sont installés dans le fuselage, après une demi-heure de vol ouvrez les robinets des réservoirs de fuselage (sous le plancher juste derrière le compartiment du Navigateur). Placez les sélecteurs de carburant des moteurs sur OFF. Quand ces réservoirs sont presque vides et que la pression de carburant commence à chuter, mettez les sélecteurs de carburant des moteurs sur LEFT MAIN et RIGHT MAIN, et fermez les robinets des réservoirs de convoyage du fuselage. Volez au moins une demi-heure sur les réservoirs principaux avant de basculer sur les réservoirs auxiliaires.

(c) Les réservoirs doivent être changés dès que la pression de carburant commence à chuter : n'attendez pas que les voyants d'alarme s'allument.

(iii) La commande des robinets d'interconnexion doit être laissée sur OFF sauf si l'une des pompes entraînées par les moteurs est en panne : les robinets d'interconnexion doivent alors être ouverts par cette unique commande, et les deux moteurs alimentés du même réservoir par la pompe qui fonctionne encore.

Sur les avions récents, les pompes électriques de suralimentation doivent être mises en marche (ON) systématiquement lorsque la pression du carburant commence à baisser.

32. **Préliminaires**

Avant d'entrer dans l'avion :
Vérifiez que les cales de blocage des commandes de vol ont été enlevées
et qu'elles sont rangées dans l'avion (2 cales d'aileron, 2 cales pour les
gouvernes de profondeur, 1 cale pour la gouverne de direction). Vérifiez
que les goupilles de sécurité ont été enlevées du train d'atterrissage, et
que les roues sont calées. Vérifiez que toutes les bâches de protection
ont été enlevées.

Dès l'entrée dans l'avion :

Interrupteurs des générateurs	Fermé (ON).
Commutateur principal d'allumage	Enfoncé.
Interrupteurs des magnétos	Ouverts (OFF).
Coupe-circuit principaux des batteries	Ouverts (OFF), si emploi de batteries au sol.
Interrupteur des instruments (si présent)	Fermé (ON).
Frein de parc	Serré, pression hydraulique 600 lb./sq.in. *(41,3 bars).*
Train d'atterrissage	Sélecteur au point mort. Verrouillage de sécurité sur POSITIVE LOCK.
Voyant d'alarme de position du train d'atterrissage	Vert.
Vanne de dérivation de la pompe manuelle	Fermée (OFF).
Vanne de sélection de pompe de moteur	Position normale (poignée verticale).
Pilote automatique	Robinet d'arrêt fermé et levier d'embrayage désengagé.
Commandes de dégivrage des ailes, des hélices et des carburateurs	À l'arrêt.

33. **Mise en route des moteurs et montée en température**

(i) Placez le sélecteur de carburant du moteur droit (ou gauche) sur
RIGHT MAIN.
Placez le sélecteur de carburant du moteur gauche (ou droit) sur OFF.
Placez la commande des robinets d'interconnexion sur OFF.

(ii) Réglez les commandes de moteur comme suit :
Manettes des gaz   ..   .. ¼ ouvertes.
Commandes de mélange   .. Sur IDLE CUT-OFF.
Hélices   ..   ..   .. Entièrement en avant (INCREASE RPM)
Prises d'air des carburateurs.. Admission d'air froid.
Volets de refroidissement   .. Ouverts.
Radiateurs d'huile ..   .. Fermés.

(iii) Assurez-vous que chaque moteur soit brassé lentement à la main sur au moins trois tours complets de l'hélice *[pour éliminer toute possibilité d'un coup de bélier au démarrage par accumulation d'huile dans les cylindres inférieurs]*.

(iv) Actionnez la pompe manuelle va-et-vient pour élever et maintenir la pression de carburant à environ 5 lb./sq.in. *(0,35 bars)* (sur les avions récents, mettez en marche la pompe électrique de suralimentation pour faire monter la pression à 17 lb./sq.in. *(1,2 bars)*).

(v) Amorcez le moteur avec environ 4 pressions rapides du commutateur d'amorçage (sur les avions récents avec pompes électriques de suralimentation, l'amorçage doit être réalisé pendant que le moteur est en rotation).

(vi) <u>Avions Dakota I</u> :

    (a) Mettez les magnétos sous tension. Relevez l'interrupteur de sécurité ainsi que l'interrupteur du démarreur approprié, pour activer le démarreur pendant environ 12-15 secondes. N'excédez jamais 20 secondes.

    (b) Ramenez les interrupteurs sur la position centrale, observez une pause d'une seconde, puis embrayez le démarreur avec le moteur en abaissant les deux interrupteurs. Un amorçage additionnel doit être activé dès que le moteur commence à tourner, et poursuivi jusqu'à ce qu'il fonctionne normalement. Conservez le démarreur embrayé jusqu'à ce que le moteur tourne de lui-même, car il alimente également la bobine d'allumage de démarrage.

    (c) Quand le moteur tourne de façon régulière, ramenez les interrupteurs du démarreur sur la position centrale, déplacez la commande de mélange sur AUTO RICH, et cessez l'amorçage. Si le moteur montre des signes d'être alimenté trop riche, ramenez la commande du mélange sur IDLE CUT-OFF jusqu'à ce qu'il fonctionne sans à-coup.

(vii) <u>Avions Dakota III</u> :

    (a) Mettez les magnétos sous tension. Activez le démarreur pendant environ 20 secondes.

    (b) En maintenant la pression sur l'interrupteur du démarreur, embrayez le démarreur, et lorsque le moteur commence à tourner, fournissez un amorçage additionnel par de courtes pressions sur le commutateur.

    (c) Quand le moteur démarre et prend de la vitesse, libérez les interrupteurs : l'interrupteur du démarreur ne doit pas être activé pendant plus de 30 secondes. Déplacez la commande du mélange sur AUTO RICH, et cessez l'amorçage. Si le moteur montre des signes d'être alimenté trop riche, ramenez la commande du mélange sur IDLE CUT-OFF jusqu'à ce qu'il fonctionne sans à-coup.

(viii) Si le moteur ne démarre pas :
  (a) Cessez d'amorcer et déplacez la commande du mélange sur IDLE CUT-OFF.
  (b) Attendez jusqu'à ce que l'hélice cesse de tourner.
  (c) Coupez (OFF) les magnétos.
  (d) Abaissez les interrupteurs pour embrayer le volant d'inertie *[du démarreur]* sur le moteur et s'assurer ainsi que le volant s'arrête, puis relâchez les interrupteurs.
  (e) Faites brasser l'hélice à la main en avant sur au moins un demi-tour pour débrayer le volant d'inertie du moteur. Si le moteur a été sur-amorcé, ouvrez la manette des gaz et faites-le brasser sur plusieurs tours.
  Sur les avions Dakota III, attendez deux ou trois minutes avant un nouvel essai.
(ix) Ouvrez la manette des gaz lentement et laissez le moteur monter en température à 1.000 tr/min.
(x) Placez le sélecteur de carburant du moteur gauche (ou droite) sur LEFT (ou RIGHT) MAIN et démarrez l'autre moteur.

34. Vérification des moteurs et des installations
Durant la montée en température :

(i) Vérifiez les températures et les pressions. Tant que la température de l'huile est inférieure à 40°C, la pression d'huile pourra atteindre jusqu'à 300 lb./sq.in. *(20,7 bars)*.

(ii) Vérifiez encore que les cales de blocage des ailerons sont enlevées, car les volets hypersustentateurs sont susceptibles de coincer ces cales si elles sont en position. Testez l'opération du circuit hydraulique en abaissant et en relevant les volets hypersustentateurs. Ramenez le sélecteur sur NEUTRAL. Vérifiez que la pression hydraulique augmente jusqu'à 650-850 lb./sq.in. *(45-59 bars)* quand l'opération est terminée.

(iii) Vérifiez le bon fonctionnement de toutes les commandes des robinets de carburant sur toutes les positions et contrôlez la pression du carburant. Vérifiez les robinets d'interconnexion de carburant en fermant une vanne de sélection et en ouvrant les robinets d'interconnexion : la pression de carburant devrait se maintenir aux deux moteurs.

(iv) Sur les avions récents, stoppez les pompes électriques de suralimentation et vérifiez le bon fonctionnement des pompes mues par les moteurs.

(v) Purgez les manomètres de pression d'admission à l'aide des vannes de purge sur le tableau de bord.

Après la montée en température à 40°C (huile) et à 120°C (cylindres) :
NOTE : Les essais complets suivants doivent être effectués après une réparation, une révision (autre que l'entretien quotidien), ou à la discrétion du pilote. Normalement ils peuvent être réduits par des instructions locales.

Sur le Dakota IV (C47B) changez la commande du compresseur de LOW à HIGH puis de nouveau à LOW entre 1.200 et 1.400 tr/min. Surveillez la pression d'huile, qui devrait baisser de façon temporaire à chaque changement.

(vi) Poussez la pression d'admission à 30 pouces *[de mercure]* (*1.016 mbar*) et vérifiez le bon fonctionnement *[du régulateur]* de l'hélice à vitesse constante.

(vii) Poussez la manette des gaz à la position de décollage et vérifiez que l'on obtient la pression d'admission (48 pouces – *1.625 mbar*) et les tours/min (2.700) de décollage.

(viii) À 32 ½ pouces *(1.101 bars)* testez chaque magnéto à tour de rôle. La baisse ne doit pas excéder 100 tr/min.

35. **Check-list avant roulage**

Coupe-circuit général des batteries	Fermé (ON)
Pression du circuit hydraulique	650 à 850 lb./sq.in. *(45 à 59 bars)*
Pression des vérins du train d'atterrissage	Mettez le sélecteur du train d'atterrissage sur DOWN, vérifiez que la pression des vérins du train d'atterrissage monte à 850 lb./sq.in. *(59 bars)*, puis ramenez le sélecteur au point mort.
Volets hypersustentateurs	UP. Sélecteur au point mort.
Frein de parc	Relâché.

36. **Roulage au sol**

(i) Les freins sont sensibles et puissants.

(ii) En roulant droit devant au sol, maintenez la roulette de queue verrouillée. Débloquez-la toujours avant de tourner.

37. **Check-list avant décollage** [35]

T = Trimming Tabs = Réglage des compensateurs	Tous au neutre.
M = Mixture controls = Commandes du mélange	Sur AUTO RICH.

---

[35] Les points essentiels des check-lists étaient présentés sous la forme de raccourcis mnémotechniques que les pilotes devaient apprendre par cœur et qui variaient peu d'un avion à l'autre : ici TMPFF, pour le Halifax II ou V : TPFF.

Prises d'air des carburateurs	Admission d'air froid.
P = Propeller speed control = Commandes de vitesse des hélices	Complétement vers l'avant (INCREASE R.P.M.).
F = Fuel = Carburant	Vérifiez les quantités. Sélecteur du moteur gauche sur LEFT MAIN. Sélecteur du moteur droit sur RIGHT MAIN. Pompes de suralimentation (si présentes) : ON. Robinet d'interconnexion fermé.
F = Flaps = Volets hypersustentateurs	Relevés, ou abaissés d'un quart.
Compresseurs	LOW *(vitesse basse)*
Volets de refroidissement moteurs : Commande à 5 positions Commande à 3 positions	 Sur TRAIL. À demi-ouverts, sélecteur au point mort.
Radiateurs d'huile	Ouverts en fonction des besoins.
Générateurs	ON
Train d'atterrissage	Levier du verrouillage de sécurité sur la position SPRING LOCKED.
Roulette de queue	Verrouillée.
Instruments gyroscopiques	Débloqués.
Porte de carlingue	Fermée. Voyant d'alarme éteint.

38. Décollage

(i) Le Mécanicien de bord doit garder sa main gauche sur la pompe manuelle va-et-vient (pour être prêt en cas de pression de carburant insuffisante) et la main droite sur les manettes des gaz (pour empêcher tout déplacement intempestif).

(ii) Ne vous précipitez pas pour soulever l'arrière de l'avion du sol. Soulevez l'arrière quand il est prêt à s'élever en appliquant un effort normal sur le manche à balai.

(iii) Avant de remonter le train d'atterrissage, utilisez les freins pour arrêter la rotation des roues.

(iv) Sur le signal du Pilote, le Mécanicien de bord mettra le levier de verrouillage de sécurité du train d'atterrissage sur LATCH RAISED et placera le sélecteur sur la position UP. Quand le train d'atterrissage est entièrement remonté la pression augmentera dans l'accumulateur hydraulique et le régulateur de pression hydraulique s'ouvrira avec un "bang" caractéristique. Ramenez le sélecteur au point mort.

(v)   La vitesse de sécurité pour commencer la montée est 110 m.p.h. *(177 km/h)* au badin.

(vi) S'ils ont été utilisés, relevez les volets hypersustentateurs quand une altitude de 500 pieds *(150 m)* est atteinte.

39. **Montée**

La vitesse pour le taux maximal de montée au niveau de la mer est 125 m.p.h. *(200 km/h)* au badin.

40. **Pilotage général**

(i)   <u>Stabilité</u> : L'avion est longitudinalement stable sous tous les régimes de vol. L'avion est stable dans les virages : il n'y a aucune tendance à augmenter l'inclinaison ou le taux de virage.

(ii) <u>Changements d'assiette</u> :

Train d'atterrissage rétracté   .. Tendance à piquer.

Volets hypersustentateurs relevés   .. Légère tendance à piquer.

Ces changements de l'équilibrage peuvent être contrôlés avec le manche à balai.

(iii) <u>Commandes</u> : Les commandes sont raisonnablement sensibles et positives dans leurs actions.

(iv) <u>Piloter à basse altitude par mauvaise visibilité</u> : Abaissez les volets hypersustentateurs aux deux-tiers. Augmentez les tours/min à 2.250. La vitesse peut ensuite être réduite à 105-110 m.p.h. *(169-177 km/h)* au badin. Quand le panneau de "vision directe" [36] est ouvert, il est recommandé d'ouvrir également la fenêtre latérale, pour éviter l'embuage.

41. **Perte de vitesse**

Les vitesses de décrochage (sans utiliser la puissance des moteurs), indiquées au badin, sont :

Train d'atterrissage et volets relevés..   .. 80 m.p.h. *(129 km/h)*

Train d'atterrissage et volets abaissés..   .. 70 m.p.h. *(113 km/h)*

Le décrochage est franc et sans tendance à faire une abattée d'un côté ou de l'autre. Lorsque le train d'atterrissage et les volets hypersustentateurs sont relevés, des vibrations de l'empennage sont perçues à environ 90 m.p.h. *(145 km/h)*, et à 80 m.p.h. *(129 km/h)*, le nez de l'avion s'abaisse.

---

[36] Partie qui peut s'ouvrir au cas où le pare-brise est obscurci (par exemple par de la buée ou de l'huile).

42. **Check-list avant atterrissage**

Dégivreurs de bord d'attaque	À l'arrêt (OFF).
Gyropilot	À l'arrêt (OFF).
Volets de refroidissement	CLOSED, puis ramenez les sélecteurs sur OFF.
Compresseurs	LOW *(vitesse basse)*.
Radiateur d'huile	Fermé en fonction des besoins.
Pression hydraulique	650 à 850 lb./sq.in. *(45 à 59 bars)*.

Ramenez la vitesse à 160 m.p.h. *(257 km/h)* au badin.

U = Undercarriage = train d'atterrissage	Sécurité sur SPRING LOCKED. Maintenez le sélecteur sur DOWN jusqu'à ce que le manomètre avant du système hydraulique indique 850 lb./sq.in. *(59 bars)* et que le régulateur de pression hydraulique s'ouvre avec un "bang" caractéristique. Ramenez le sélecteur au neutre et vérifiez que les voyants verts s'allument. Mettez alors le levier de la sécurité sur POSITIVE LOCK.
Roulette de queue	Verrouillée.
M = Mixture control = commandes de mélange	Sur AUTO RICH.
Air des carburateurs	Admission d'air froid.
P = Propeller = hélices	Complétement vers l'avant (INCREASE R.P.M.).
F = Fuel = Carburant	Robinets d'interconnexion fermés. Robinets de sélection sur les réservoirs les plus pleins.

Réduisez la vitesse à 120 m.p.h. *(193 km/h)* au badin.

F = Flaps = Volets hypersustentateurs	Complètement abaissés.

<u>Vitesses d'approche</u> :

    Au moteur ..   ..   90-95 m.p.h. *(145-153 km/h)* au badin.
    En plané ..   .. 100-105 m.p.h. *(161-169 km/h)* au badin.

En cas d'approche sur ALTERNATE SOURCE, la vitesse doit être augmentée de 10 m.p.h. *(16 km/h)* et il faut être vigilant de ne pas excéder un taux de descente de 600 pieds *(183 m)* par minute car à des taux de descente plus grands l'altimètre donnera des valeurs trop élevées.

43. **Atterrissage**

(i) Un atterrissage classique "trois-points" [37] est possible, mais un atterrissage sur les roues principales doit être réalisé lorsque l'on transporte des passagers ou du fret.

(ii) Les freins sont extrêmement efficaces et doivent être employés avec précaution.

44. **Atterrissage manqué**

(i) Ouvrez la manette des gaz jusqu'à la position de décollage et réglez les compensateurs d'équilibrage.

(ii) Rétractez le train d'atterrissage immédiatement, et réglez les compensateurs d'équilibrage selon les besoins.

(iii) Au-dessus de 300 pieds *(90 m)*, les volets hypersustentateurs peuvent être relevés par étapes. Les changements d'assiette peuvent être contrôlés avec les gouvernes de profondeur.

45. **Après l'atterrissage**

(i) Relevez les volets hypersustentateurs et ouvrez les volets de refroidissement des moteurs avant de rouler au sol.

(ii) Déverrouillez la roulette de queue avant d'effectuer des virages.

(iii) Laissez tourner les moteurs au ralenti à environ 800 tr/min pendant un court moment pour permettre aux températures de cylindres de redescendre à 205°C (150° à 180° si possible) puis augmentez à 1.100 tr/min et déplacez les commandes de mélange sur IDLE CUT-OFF.

(iv) Après l'arrêt des moteurs coupez le commutateur principal d'allumage et les interrupteurs des magnétos. Placez les sélecteurs de carburant des moteurs sur OFF.

(v) Placez les coupe-circuit généraux des batteries, et tous les interrupteurs et rhéostats électriques sur OFF.

(vi) Si l'avion ne doit plus voler pendant un certain temps, le sélecteur du train d'atterrissage doit être placé sur la position DOWN, le sélecteur des volets hypersustentateurs sur UP, le sélecteur des volets de refroidissement des moteurs sur OPEN, pour permettre la dilatation dans les lignes hydrauliques en fonction des variations de la température. Libérez les freins et faites caler les roues. Faites placer les goupilles de sécurité du train d'atterrissage et les cales de blocage des commandes de vol.

(vii) <u>Dilution de l'huile</u> : Voir l'A.P. 2095. La durée de dilution de l'huile est de deux minutes.

---

[37] Poser les trois roues au sol en même temps.

45A. **Approche radioguidée ("Beam Approach")** [38]

Phase	Début de présentation	Passage sur la radiobalise		
		rapprochée sur Q.D.R.	éloignée sur Q.D.M.	rapprochée sur Q.D.M.
Altitude lue pieds *(m)*	1.500 *(460)*	1.500 *(460)*	700 *(215)*	100 *(30)*
Manœuvres	-	Abaisser le train	Abaisser les volets	Ramenez lentement les manettes des gaz en arrière
Changements d'assiette	-	L'avion cabre légèrement	L'avion cabre légèrement	-
Vitesse au badin m.p.h. *(km/h)*	125 *(201)*	125 *(201)*	95 *(153)*	95 *(153)*
Régime moteur tr/min	2.400	2.000	2.400	2.400
Pression d'admission: Vol en palier En descente (-500 pieds *(-152 m)*/min) Pouces de mercure *(bars)*	28" *(0,95)* -	32" *(1,1)* 25" *(0,85)*	32" *(1,1)* 22" *(0,75)*	- -
Pression d'admission (atterrissage manqué)	-	-	40" *(1,35)*	-
Les erreurs d'altimètre au décollage et à l'atterrissage sont négligeables.	**ATTERRISSAGE MANQUÉ RÉCLAMANT UNE REMISE DES GAZ** Ouvrez les gaz à 40" *(1,35 bars)* Relevez le train Relevez les volets par étapes au-dessus de 300 pieds *(90 m)* Montez à 110 m.p.h. *(177 km/h)* au badin			

---

[38] Les codes 'Q' sont des abréviations standardisées permettant des échanges efficaces en morse. Ces codes ont été initialement approuvés internationalement en 1912 et se sont enrichis au fil des ans. Pour ne détailler que quelques cas :

Code	Question
Q.D.M.	Quel est le cap magnétique à suivre pour me diriger vers vous par vent nul ?
Q.D.R.	Quel est le relèvement magnétique de l'avion pour votre station ? (QDR = QDM-180°)
Q.F.E.	Quelle est la pression atmosphérique au sol ?

IIIème PARTIE
CARACTÉRISTIQUES D'UTILISATION

46. Caractéristiques des moteurs

(i)   Carburant : Essence à indice d'octane 100.

(ii)   Huile : Voir l'A.P. 1464/C.37.

(iii)   Les principales limitations des moteurs sont les suivantes :

Twin Wasp R.1830-92 (Dakota I & III)	tr/min	Pression d'admission en pouces de mercure (bars)	Température °C		
				Huile	
			Cylr.	Max.	£
MAX. pour DÉCOLLAGE Limité à 5 minutes	2.700	48 (1,6)	260		
MONTÉE MAX. CONTINUE	2.450	40½ (1,4)	260	95 *	50-70
RÉGIME MAX. CONTINU sur mélange riche	2.250	32½ (1,1)	230	70	50-70
RÉGIME MAX. CONTINU sur mélange pauvre	2.250	30 (1,0)	230	70	50-70
RÉGIME MAX. (combat) Limité à 5 minutes	2.700	45 (1,5)	260	95	

£ Température souhaitable

* Pour une courte période seulement.

Twin Wasp R.1830-90C (Dakota IV)	$	tr/min	Pression d'admission en pouces de mercure (bars)	Température °C Cylr.	Huile Max.	£
MAX. pour DÉCOLLAGE Limité à 5 minutes	Bas	2.700	48 (1,6)	260	-	-
MONTÉE MAX. CONTINUE	Bas Haut	2.550 2.550	41 (1,4) 40 (1,35)	260	100 *	50 - 70
RÉGIME MAX. CONTINU sur mélange riche	Bas Haut	2.325 2.325	34 (1,15) 31 (1,05)	230	95	50 - 70
RÉGIME MAX. CONTINU sur mélange pauvre	Bas Haut	2.250	29,5 (1,0)	230	95	50 - 70
RÉGIME MAX. (combat) Limité à 5 minutes	Bas Haut	2.700 2.700	45 (1,5) 41 (1,4)	260	100	-

$ Rapport du compresseur.   £ Température souhaitable

* Pour une courte période seulement.

NOTE : (Twin Wasp R.1830-92 (Dakota I & III)) : À cause des vibrations, les Pilotes ne doivent pas rester dans la fourchette 1.300 - 1.600 tr/min ni en régime de croisière continu en-dessous de 1.700 tr/min. Des vitesses entre 2.450 et 2.650 tr/min doivent également être évitées.

Pressions en lb./sq.in. (bars)	Twin Wasp	
	R.1830-92 (Dakota I & III)	**R.1830-90C (Dakota IV)**
PRESSION D'HUILE : MAXIMALE	105 (7,2)	95 (6,5)
NORMALE	75-95 (5,2-6,5)	75-90 (5,2-6,2)
MIN. POUR RÉGIME DE CROISIÈRE	60 (4,1)	60 (4,1)
MIN. POUR RALENTI	15 (1)	15 (1)
TEMPÉRATURES MIN. POUR LE DÉCOLLAGE : HUILE	40°C	
CYLINDRES	120°C	
TEMPÉRATURE MAX. AVANT DÉCOLLAGE (CYLINDRES) :	205°C	
TEMPÉRATURE MAX. POUR ARRÊTER LE MOTEUR (CYLINDRES) :	205°C	175°C
PRESSION DU CARBURANT : NORMALE	14/17 (1-1,2)	17 (1,2)
MARCHE AU RALENTI	7 (0,5)	7 (0,5)

47. **Limites de pilotage**

(i) L'avion est conçu pour être employé comme avion de transport, et doit être manœuvré comme un avion de ligne civil. En particulier, il faut être prudent lors de manœuvres avec un avion dont la masse excède 29.000 livres *(13.155 kg)*.

(ii) <u>Vitesses maximales au badin</u> :

	m.p.h.	*km/h*
<u>Piqué et vol en palier</u> :		
À la masse de surcharge de 31.000 livres *(14.060 kg)*	180	*290*
À 29.000 livres et moins *(13.155 kg)*	200	*322*
Train d'atterrissage abaissé	160	*257*
Volets hypersustentateurs déployés	125	*200*

(iii) <u>Masses maximales</u> :

Décollage en surcharge et vol rectiligne seulement	31.000 livres *(14.060 kg)*
Charge normale	29.000 livres *(13.155 kg)*
Atterrissage	26.000 livres *(11.793 kg)*

(iv) <u>Répartition du chargement</u> :

(a) Une charge maximale de 750 livres *(340 kg)*, uniformément distribuée, peut être imposée directement sur n'importe quelle poutre du plancher.

(b) Si la charge est concentrée au centre de la poutre, il ne faut pas excéder 400 livres *(181 kg)*.

(c) Les charges très denses ne doivent pas excéder 66 livres/pouce carré *(4,6 kg/cm²)*. [39]

(d) La charge sur le plancher de la carlingue ne doit pas excéder 9.000 livres *(4.082 kg)*.

(e) L'avion doit toujours être chargé de façon que la position du Centre de Gravité (C.G.) se trouve entre 239,6 et 263,1 pouces *(6,08 et 6,68 m)* en mesurant à partir du nez de l'avion. (Voir les Figures 6A et B pour les données du C.G.)

48. **Corrections d'erreur de position**

Approximativement +5 m.p.h. *(8 km/h)* sur toute la gamme de vitesse.

49. **Performances maxima**

Les vitesses au badin pour le taux maximum de montée sont :

125 m.p.h. *(200 km/h)* du niveau de la mer à 7.000 pieds *(2.130 m)*.
120 m.p.h. *(193 km/h)* de 7.000 à 10.000 pieds *(2.130 à 3.050 m)*.
115 m.p.h. *(185 km/h)* de 10.000 à 13.000 pieds *(3.050 à 3.960 m)*.
110 m.p.h. *(177 km/h)* au-dessus de 13.000 pieds *(3.960 m)*.

---

[39] Cette valeur semble énorme (équivalente à 46 tonnes/m²).

50. **Distance franchissable maximale**

(i) Volez sur mélange pauvre à 30 *pouces (1 bar)* de pression d'admission (si faisable) et réduisez la vitesse en ramenant les tr/min selon les besoins à 1.700. Ne réduisez pas les tr/min en-dessous de 1.700 à cause du risque de vibrations sérieuses. Aux charges légères et aux faibles altitudes, si à 1.700 tr/min et à 30 pouces *(1 bar)* la vitesse recommandée est excédée, réduisez la pression d'admission.

(ii) Les courbes suivantes donnent la vitesse recommandée pour obtenir la distance franchissable maximale et la distance par gallon *[U.S.]* [40] correspondante pour un vol se déroulant en absence de vent. Ces courbes s'appliquent à toutes les altitudes entre 5.000 et 10.000 pieds *(1.525 à 3.050 m)*.

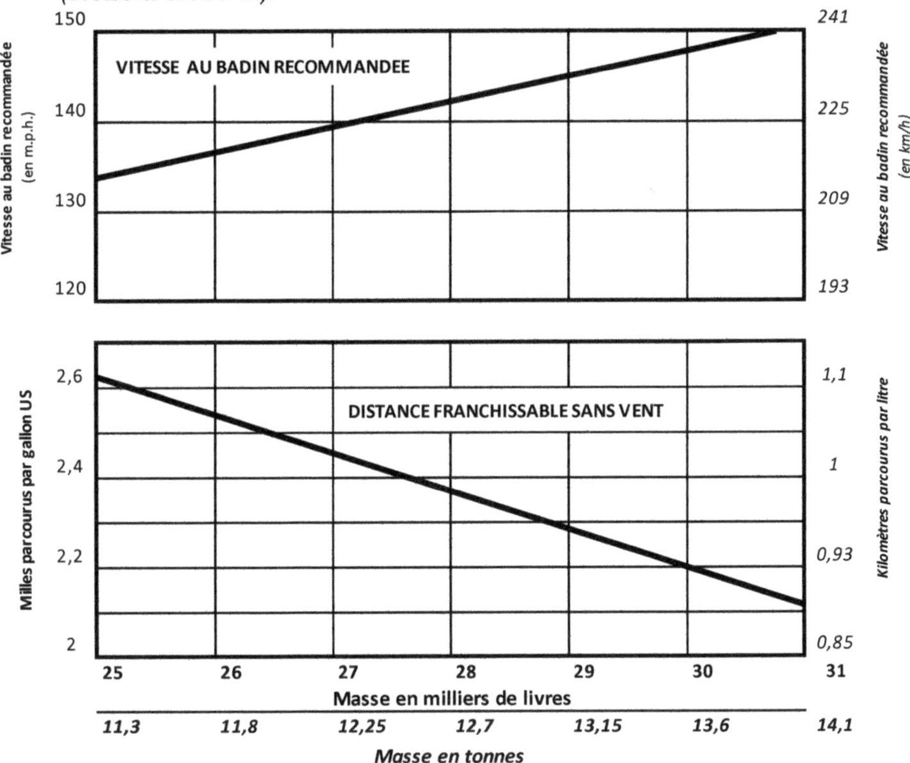

Pour obtenir la distance franchissable maximale, la vitesse recommandée doit être réduite par étapes au fur et à mesure que le carburant est consommé et donc de la masse est perdue : mais si une vitesse donnée doit être maintenue pendant tout le vol, utilisez une

---

[40] 1 gallon U.S. = 3,79 litres.

vitesse au badin supérieure à 5 m.p.h. *(8 km/h)* que la vitesse correspondant au poids moyen estimé (carburant à ½ épuisé). La perte de distance franchissable encourue en volant à une vitesse donnée durant tout le vol ne sera pas grande.

51. **Capacité et consommations de carburant**

(i) <u>Capacité d'emport de carburant</u> :

	Gallons U.S.	*litres*
Réservoir principal gauche (LEFT MAIN)	202	*765*
Réservoir auxiliaire gauche (LEFT AUX.)	200	*757*
Réservoir principal droit (RIGHT MAIN)	202	*765*
Réservoir auxiliaire droit (RIGHT AUX.)	200	*757*
Total sans les réservoirs de convoyage	**804**	**3.043**

En outre, jusqu'à huit réservoirs de convoyage, chacun de 102 gallons U.S. *(386 litres)* de capacité, peuvent être emportés dans le fuselage. Habituellement deux de ces réservoirs sont installés.

(ii) <u>Consommations totales approximatives sur mélange pauvre à toutes les altitudes en gallons U.S./heure* *(litres/heure)*</u> :

Pression d'admission (en pouces / *bars*)	**Tr/min**		
	1.900	**1.800**	**1.700**
30 / *1,02*	83 *(314)*	77 *(291)*	73 *(276)*
28 / *0,95*	77 *(291)*	72 *(273)*	68 *(257)*
27 / *0,91*	73 *(276)*	70 *(265)*	66 *(250)*
26 / *0,88*	71 *(269)*	67 *(254)*	64 *(242)*
25 / *0,85*	-	64 *(242)*	60 *(227)*

* Pour convertir en gallons Impériaux, divisez *[les gallons U.S.]* par 1,2.

IVème PARTIE - SITUATIONS D'URGENCE

52. Panne de moteur au décollage

Fermez les deux manettes des gaz et posez-vous droit devant, si le poids est au-dessus de 26.000 livres *(11.800 kg)*.

53. Panne de moteur en vol

(i) Mettez en drapeau l'hélice du moteur en panne, fermez les volets de refroidissement ainsi que le radiateur d'huile.

(ii) Les compensateurs peuvent être ajustés pour permettre de piloter sans avoir à exercer un effort permanent sur le palonnier à 105-110 m.p.h. *(169-177 km/h)* au badin.

(iii) Fermez le sélecteur de carburant du moteur en panne. Placez le sélecteur de carburant du moteur qui fonctionne sur l'un des réservoirs du côté du moteur en panne, car ceci aidera à améliorer l'équilibrage.

(iv) Placez le sélecteur de pompe de moteur de façon à connecter le circuit hydraulique principal au moteur qui fonctionne.

(v) Surveillez la température du moteur qui fonctionne et si besoin, ouvrez les volets de refroidissement.

(vi) À 28.000 livres *(12.700 kg)*, ou moins, l'altitude peut être maintenue à la puissance de montée, ou moins, à 105-110 m.p.h. *(169-177 km/h)* au badin. N'essayez pas de maintenir l'altitude aux vitesses inférieures à 105 m.p.h. *(169 km/h)* au badin. Le tableau de la page suivante donne une indication approximative de l'altitude maximale qui peut être conservée sur un moteur à la pleine puissance de montée (2.450 tr/min et 40½ pouces *(1,37 bars)* de pression d'admission, ou plein gaz) sous les conditions standards ICAN. [41]

La meilleure performance sur un moteur, sera cependant toujours obtenue aux altitudes inférieures à l'altitude plein-gaz [42] (approximativement 5.500 pieds *(1.675 m)*).

---

[41] International Commission for Air Navigation (Commission internationale de la navigation aérienne - CINA), créée en 1919 et remplacée en 1947 par l'Organisation de l'Aviation Civile Internationale. La définition d'une atmosphère standard (adoptée en 1924) servait à harmoniser les comparaisons de performance des avions et pour calibrer les altimètres.

[42] "Full-throttle height" : Sur un avion comme le Dakota (sans système de régulation de la pression d'admission : voir paragraphe 21), le pilote doit s'assurer que le moteur ne soit pas sur-pressurisé quand il est en-dessous de "l'altitude pleins gaz" ("full-throttle height" ou altitude de rétablissement). L'altitude pleins-gaz est celle pour laquelle la manette des gaz est complètement vers l'avant et la pression d'admission peut être maintenue à une valeur donnée. Au-dessus de cette altitude, la pression d'admission va baisser (donc la puissance va baisser aussi) malgré la manette des gaz ouverte en grand puisque le compresseur travaille déjà au maximum mais l'air se raréfie encore.

NOTEZ que l'altitude plafond atteignable réelle variera considérablement en fonction de l'habileté du Pilote, de l'état de l'avion, de l'installation de filtration de l'air et des conditions atmosphériques. En conditions estivales chaudes ou tropicales, le plafond peut être réduit de près de 3.000 pieds *(915 m)*.

Masse		Plafond avec un seul moteur	
		(en utilisant la puissance ascensionnelle max.)	
livres	*(kg)*	Pieds	*(m)*
29.000	*13.155*	-	-
28.000	*12.700*	5.500	*1.676*
27.000	*12.247*	7.500	*2.286*
26.000	*11.793*	8.000	*2.438*
25.000	*11.340*	9.000	*2.743*

(vii) <u>Atterrissage avec un seul moteur valide</u> :

Le circuit doit être réalisé avec le moteur en fonctionnement à l'intérieur du virage.

Le déploiement du train d'atterrissage et des volets hypersustentateurs doit être le plus tardif possible. Arrangez-vous pour avoir verrouillé le train d'atterrissage en position basse avant l'approche finale.

Conservez une marge de hauteur supplémentaire de 500 pieds *(152 m)* si possible et approchez en vol plané à une vitesse de 100-105 m.p.h. *(161-169 km/h)* au badin.

N'abaissez pas les volets hypersustentateurs complètement, et n'annulez pas non plus le réglage du compensateur de direction, avant d'être certain de pouvoir rejoindre confortablement l'aérodrome en vol plané.

54. Mise en drapeau

(i) Maintenez le bouton uniquement le temps nécessaire pour être sûr qu'il reste enfoncé seul : lâchez-le ensuite de sorte que le ressort de rappel le ramène quand la mise en drapeau est effectuée.

(ii) Fermez la manette des gaz immédiatement et placez la commande de mélange sur IDLE CUT-OFF.

(iii) Coupez l'allumage seulement quand le moteur s'est arrêté.

55. Dévirage

(i) Placez la manette des gaz en position fermée ou légèrement ouverte, la commande de mélange sur AUTO RICH, le levier de commande de vitesse d'hélice entièrement en arrière et alimentez les magnétos.

(ii) Enfoncez le bouton jusqu'à ce que les tr/min atteignent 1.000 à 1.300.

Pour simplifier, l'altitude pleins-gaz "full-throttle height" est celle à partir de laquelle le pilote peut utiliser les pleins gaz sans risquer d'endommager le moteur.

(iii) Si l'hélice ne revient pas en mode normal de régulation automatique à vitesse constante, ouvrez légèrement la manette des gaz.

56. Fonctionnement de secours du train d'atterrissage

(i) Le manomètre hydraulique arrière (pression du système principal) indique moins de 500 lb./sq.in. *(34,5 bars)* après avoir placé le sélecteur sur DOWN :

    (a) Essayez de basculer le sélecteur de pompe de moteur pour connecter le circuit hydraulique principal à l'autre moteur. Si ceci ne fonctionne pas :

    (b) Actionnez la pompe manuelle. Si le manomètre hydraulique avant (pression dans la canalisation de descente du train d'atterrissage) ne montre pas une augmentation, arrêtez de pomper et procédez comme indiqué au paragraphe (ii).

(ii) Le manomètre hydraulique avant ne montre pas une augmentation après avoir placé le sélecteur sur DOWN :

Laissez le sélecteur de train d'atterrissage sur DOWN : piquez et remontez deux ou trois fois pour abaisser les roues sous leur propre poids : ramenez le sélecteur au point mort. Si le voyant vert ne s'allume pas, les verrous du train en position basse ne se sont pas engagés et le processus doit être répété.

(iii) Le voyant d'alarme rouge s'allume après le retour du sélecteur sur NEUTRAL, mais le manomètre hydraulique avant indique 500 lb./sq.in. *(34,5 bars)* ou plus :

Ceci indique que le train d'atterrissage s'est abaissé mais que les verrous du train en position basse ne se sont pas engagés : avec le sélecteur du train d'atterrissage au point mort il sera possible d'atterrir en sécurité mais il faudra éviter d'employer les freins autant que possible, car ceci pourrait faire s'affaisser le train d'atterrissage et augmentera la pression dans les canalisations du train d'atterrissage : n'excédez pas 1.500 *lb./sq.in. (103 bars)* sur le manomètre avant.

57. Fonctionnement de secours des volets hypersustentateurs

Si les volets hypersustentateurs ne descendent pas quand activés, laisser le sélecteur des volets sur DOWN et actionnez la pompe manuelle. Ramenez le sélecteur au point mort quand l'opération est terminée, ou si la panne persiste.

58. Fonctionnement de secours des freins

Si aucune pression n'est disponible dans le circuit hydraulique, enfoncez les pédales de freinage et actionnez la pompe manuelle. Les freins ne doivent pas être relâchés ou toute la pression sera perdue.

59. Panne d'une pompe à carburant

Si la pression de carburant est perdue sur un moteur tandis que l'indicateur de quantité de carburant pour le réservoir d'alimentation montre encore que du carburant est disponible, actionnez la pompe manuelle va-et-vient pour vérifier si la pression peut être maintenue au carburateur. Si aucune résistance ne se fait sentir à la pompe manuelle, la canalisation de carburant est rompue et il est dangereux d'ouvrir les robinets d'interconnexion : fermez le robinet sélecteur de carburant. Si une résistance est ressentie lors du pompage manuel il devrait être possible d'ouvrir les robinets d'interconnexion en sécurité : fermez le sélecteur de carburant du côté de la pompe en panne, et alimentez les deux moteurs à partir d'un unique réservoir choisi avec sur l'autre sélecteur de carburant, via la canalisation d'interconnexion.

60. Sorties d'évacuation par parachute

Porte de carlingue	Appuyez sur le levier sur le côté avant de la porte pour libérer les charnières, et poussez vers l'extérieur.
Deux sorties de secours de carlingue (une de chaque côté)	Tournez les poignées vers la droite, et poussez les panneaux vers l'extérieur et vers le haut.

61. Sorties de secours au sol *[ou en mer]*

Trappe de sortie de secours des Pilotes	Tournez les poignées vers le centre et poussez vers le haut sur la partie avant du panneau.

62. **Parachutes** : Des rangements pour les parachutes de l'équipage sont prévus sous la table du Navigateur. Les parachutes des passagers peuvent être rangés sous chaque siège passager ou de parachutiste.

63. Extincteurs

1. <u>Extincteurs des moteurs</u> :
Le robinet sélecteur d'extincteur et la poignée d'activation sont sous un couvercle de protection dans le plancher entre les sièges des Pilotes. Pour mettre en œuvre, placez le robinet sélecteur d'extincteur sur le moteur en feu, et tirez fermement sur la poignée. Aucun extincteur automatique n'est installé.

2. <u>Extincteurs portables</u> : Deux extincteurs sont prévus : un dans le poste de pilotage du côté droit du fuselage, et un juste en arrière de la porte de la carlingue principale.

64. **Haches de secours** : Sur certains avions trois haches sont fournies, deux dans la carlingue arrière et une juste à l'arrière du compartiment de pilotage du côté droit de la cloison.

65. **Trousse de premiers soins** : La trousse de premiers soins est arrimée sur la cloison arrière de la carlingue arrière, du côté droit.

66. **Charges de destruction** : Sur certains avions, deux charges incendiaires sont installées sur la cloison droite de la carlingue arrière.

67. **Amerrissage** : Des amerrissages ont été faits avec succès en utilisant 20° de volets hypersustentateurs, une approche au moteur, et en touchant la surface de l'eau dans une attitude de posé "3-points". [43]

---

[43] Voir note du paragraphe 43.

Vᵉᵐᵉ **PARTIE - ILLUSTRATIONS**

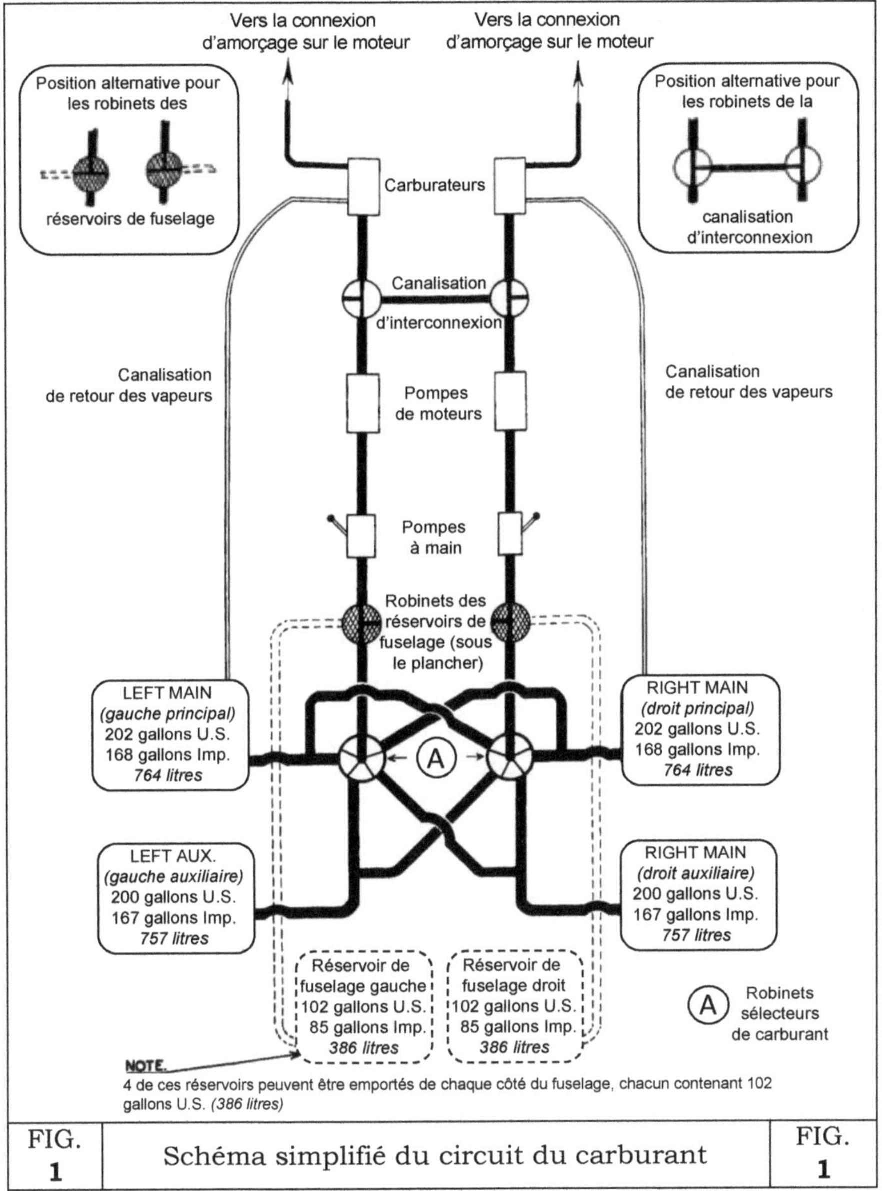

FIG. 1	Schéma simplifié du circuit du carburant	FIG. 1

VUE GÉNÉRALE DU POSTE DE PILOTAGE
LÉGENDE DE LA FIGURE 2

1. Interrupteur de largage par salve des containers des parachutistes
2. Interrupteur des lampes pour ordonner le saut des parachutistes
3. Coupe circuit principal de batterie
4. Interrupteur d'avertissement "Évacuation de l'avion"
5. Interrupteur des feux de navigation
6. Variateur pour l'éclairage du compas magnétique
7. Interrupteurs des feux d'atterrissage
8. Bouton de mise en drapeau de l'hélice (moteur gauche)
9. Variateur d'éclairage du tableau de bord
10. Interrupteur des feux de position
11. Interrupteur du réchauffage du tube de Pitot
12. Interrupteur principal du système de dégivrage des hélices
13. Interrupteurs des systèmes d'amorçage des moteurs et de dilution de l'huile
14. Commandes du radiocompas
15. Commutateurs d'allumage
16. Interrupteur d'éclairage du poste de pilotage
17. Interrupteur des lampes fluorescentes
18. Interrupteur du système de dégivrage des carburateurs
19. Bouton de mise en drapeau de l'hélice (moteur droit)
20. Ampèremètres
21. Boitier des commandes des lampes d'identification et manipulateur morse
22. Interrupteurs des démarreurs de moteur
23. Interrupteur de sécurité de démarreur
24. Montre
25. Manomètres du circuit de carburant
26. Manomètres du circuit d'huile
27. Manomètres de l'air de dégivrage
28. Thermomètres du circuit d'huile
29. Voyant d'alarme du train d'atterrissage
30. Thermomètre de l'air du carburateur
31. Interrupteur d'essai du voyant d'alarme du train d'atterrissage
32. Thermomètre de l'air extérieur
33. Indication de la quantité de carburant et bouton sélecteur
34. Thermomètres des cylindres
35. Commande des compensateurs des ailerons
36. Robinet d'interconnexion du carburant
37. Indicateur des compensateurs des ailerons
38. Bloc manettes
39. Levier de verrouillage de la roulette de queue

40. Frein de stationnement
41. Indicateur du compensateur de direction
42. Levier d'embrayage du pilote automatique
43. Commande du compensateur de direction
44. Commande des compensateurs de profondeur
45. Indicateur de position des volets hypersustentateurs
46. Manomètres de l'admission
47. Altimètre
48. Badin
49. Instruments du pilote automatique Sperry

| FIG. 2 | VUE GÉNÉRALE DU POSTE DE PILOTAGE | FIG. 2 |

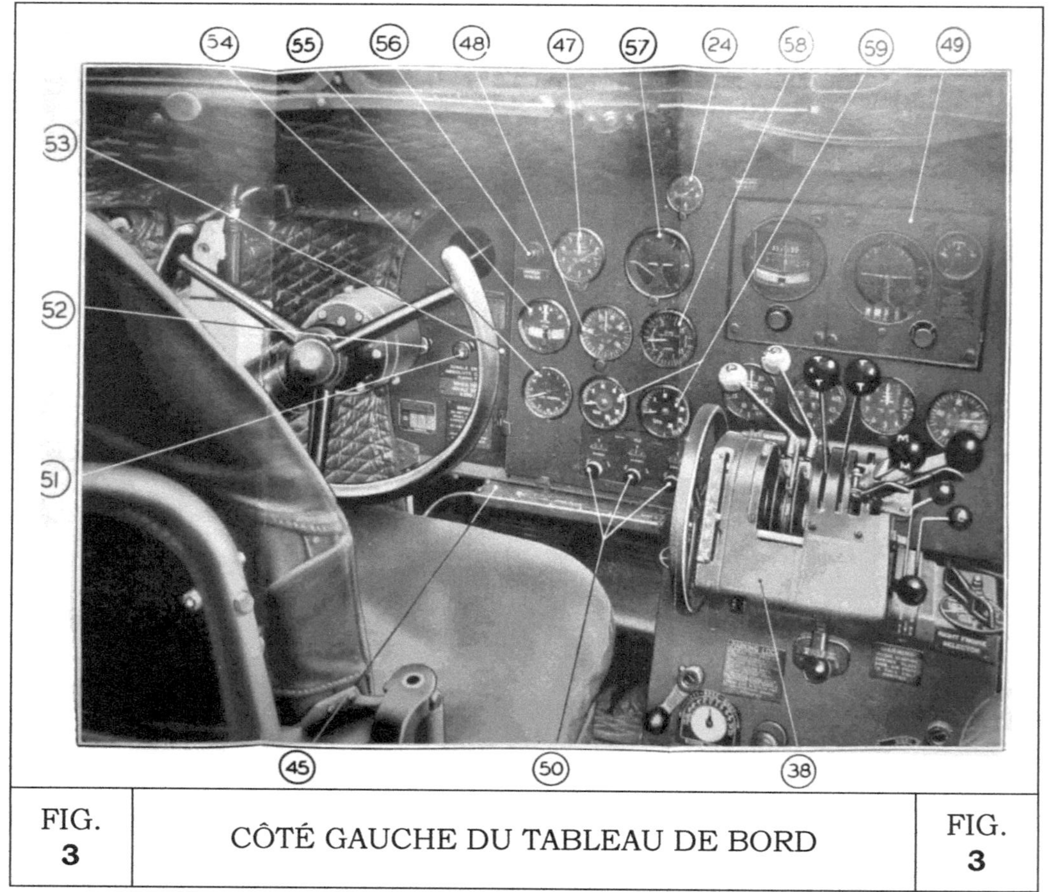

FIG. 3

CÔTÉ GAUCHE DU TABLEAU DE BORD

FIG. 3

LÉGENDE DE LA FIGURE 3
CÔTÉ GAUCHE DU TABLEAU DE BORD

24. Montre
38. Bloc manettes
45. Indicateur de position des volets hypersustentateurs
47. Altimètre
48. Badin
49. Instruments du pilote automatique Sperry
50. Commandes de vitesse du pilote automatique
51. Rhéostat de réglage de la pompe de dégivrage du pare-brise
52. Commande des essuie-glaces du pare-brise
53. Interrupteur principal de la pompe de dégivrage du pare-brise
54. Indicateur du radiocompas
55. Indicateur de virage et de dérapage
56. Voyant d'alarme de radiobalise
57. Horizon artificiel
58. Variomètre
59. Compte-tours des moteurs (tr/min)

LÉGENDE DE LA FIGURE 4
CÔTÉ DROIT DU POSTE DE PILOTAGE

26. Manomètres du circuit d'huile
27. Manomètre de l'air de dégivrage
28. Thermomètres du circuit d'huile
29. Voyant d'alarme du train d'atterrissage
30. Thermomètre de l'air du carburateur
32. Thermomètre de l'air extérieur
60. Manomètre de la canalisation de descente du train d'atterrissage
61. Manomètre du circuit hydraulique
62. Commandes des volets de refroidissement des moteurs
63. Sélecteur d'intercom et boitier de branchement du casque et microphone
64. Robinets du réservoir de fluide de dégivrage du pare-brise

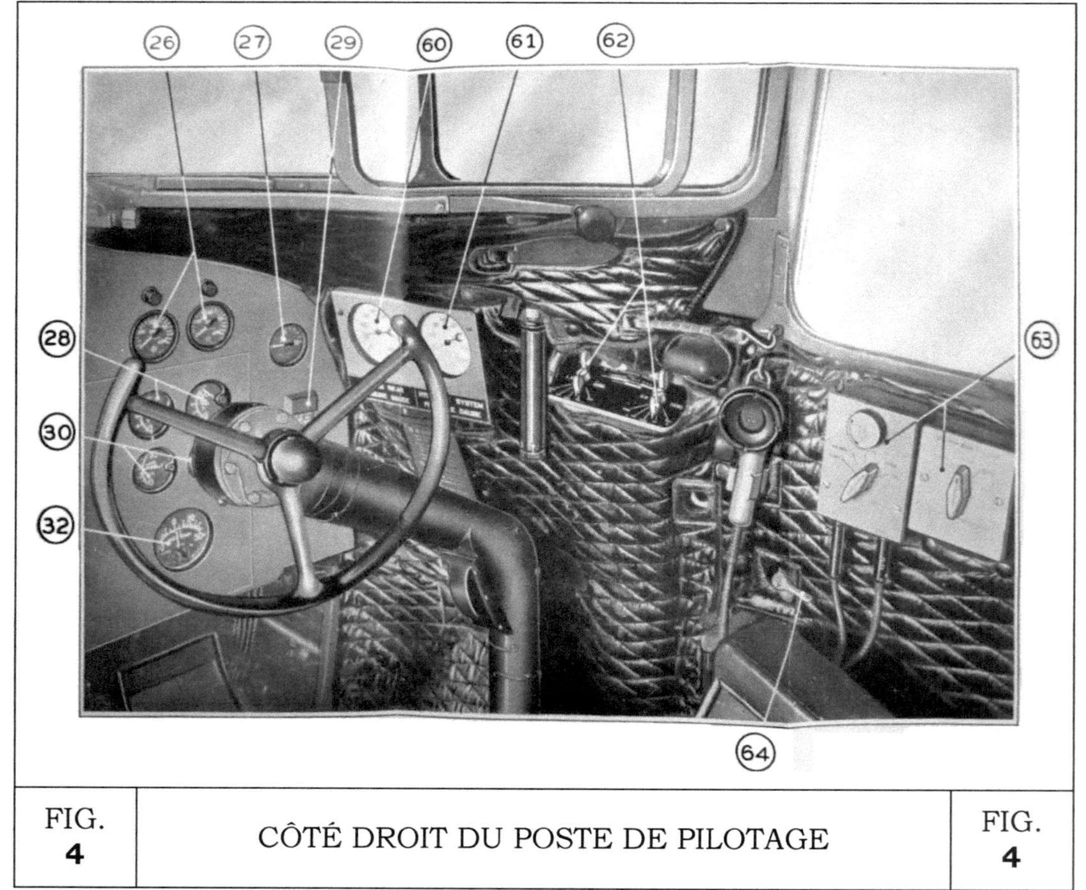

FIG.
4

CÔTÉ DROIT DU POSTE DE PILOTAGE

FIG.
4

FIG.
5

BLOC MANETTES

FIG.
5

BLOC MANETTES
LÉGENDE DE LA FIGURE 5

44. Commande des compensateurs de profondeur
46. Manomètres de l'admission
47. Altimètre
48. Badin
65. Manomètre de l'huile du Gyropilot
66. Sélecteur pour le manomètre du collecteur d'admission (pour les essais des manomètres de l'admission)
67. Sélecteur de pression statique pour le badin
68. Lampe d'éclairage du tableau de bord
69. Commandes des prises d'air des carburateurs
70. Sélecteurs des réservoirs de carburant
71. Levier de verrouillage des commandes des prises d'air des carburateurs
72. Manettes des gaz
73. Leviers de réglage du mélange
74. Leviers de commande de vitesse des hélices
75. Commandes des volets des radiateurs d'huile
76. Levier de verrouillage pour les commandes des volets des radiateurs d'huile

----

DIAGRAMMES DE CHARGEMENT – Fig. 6A

ITEM	Poids		Unités
	livres	kg	d'index
Poids à vide	16 621	7 539	403,1
Pilotes (2) et parachutes	400	181	2,8
Opérateur radio (ou Chef de Bord) et parachute	200	91	3,3
Huile (le plein: 58 gallons U.S. - 220 litres)	435	197	8
Essence inutilisable (3 gallons U.S. - 11,4 litres)	20	9	1,6
Huile inutilisable (11 gallons U.S. - 42 litres)	84	38	
SOUS-TOTAL INAMOVIBLE	17 760	8 056	418,8
Alcool, dégivrage			
carburateurs (10 gal. U.S. - 38 litres)	66	30	0,8
hélices (4,2 gal. U.S. - 16 litres)	28	13	0,2
pare-brise (6,5 gal. U.S. - 25 litres)	43	20	0,5
Filtres à air des carburateurs (2)	18	8	0,2
Plancher, spécial amovible	40	18	1,1
Canots de sauvetage			
Type A-2(2) (compartiment à bagages gauche)	120	54	1,8
Type B-3(1) (compartiment à bagages gauche)	34	15	0,5
Civières (avec patient et 4 couvertures chacun)			
Position avant (1)	233	106	5,1
Position centrale (1)	233	106	7,4
Position arrière (1)	233	106	9,7
Rack de largage de container sous parachute,			
avant (1)	57	26	1,3
central (1)	57	26	1,7
arrière (1)	57	26	2,3
Container sous parachute			
avant (considéré comme cargaison placée à la Station Cargo 60)			
central (considéré comme cargaison placée à la Station Cargo 130)			
arrière (considéré comme cargaison placée à la Station Cargo 220)			
Hélices comme cargaison			
avant (considérées comme cargaison placée à la Sta. Cargo 100)			
arrière (considérées comme cargaison placée à la Sta. Cargo 250)			

NOTE: Aucune modification Britannique n'est incorporée dans ces données de poids, mais si le SOUS-TOTAL INAMOVIBLE est ajusté de façon adéquate pour un avion particulier, les diagrammes peuvent quand même être utilisés.

POIDS DE CARBURANT ET UNITÉS D'INDEX

Réservoirs à l'arrière des ailes					Réservoirs à l'arrière des ailes pleins plus réservoirs à l'avant des ailes				
U.S. gal.	litres	Poids		Unités d'index	U.S. gal.	litres	Poids		Unités d'index
		livres	kg				livres	kg	
50	189	300	136	8,3	450	1703	2700	1225	73,5
100	379	600	272	16,6	500	1893	3000	1361	80,7
150	568	900	408	24,9	550	2082	3300	1497	87,9
200	757	1200	544	33,1	600	2271	3600	1633	95,1
250	946	1500	680	41,4	650	2461	3900	1769	102,3
300	1136	1800	816	49,7	700	2650	4200	1905	110,0
350	1325	2100	953	58,0	750	2839	4500	2041	116,7
400	1514	2400	1089	66,2	804	3043	4824	2188	124,5

Deux réservoirs de convoyage dans le fuselage à la Station Cargo 35,5:
Poids des réservoirs vides = 2 x 113,5 lbs (2 x 51,5 kg)
Poids de 2 x 102 U.S gal. (2 x 386 litres) = 2 x 612 lbs (2 x 277,6 kg)
Unités d'index pour l'essence et les réservoirs = 30,9

UNITÉS D'INDEX PAR PASSAGER (200 lbs - 91 kg chacun)

Rangée	1	2	3	4	5	6	7	8	9	10	11	12	13	14
Unité d'index	3,8	4,2	4,6	4,9	5,3	5,7	6,1	6,5	6,8	7,2	7,7	8,0	8,4	8,8

Total pour 28 passagers: Poids = 5.600 lbs (2.540 kg)   Unités d'index = 175,8

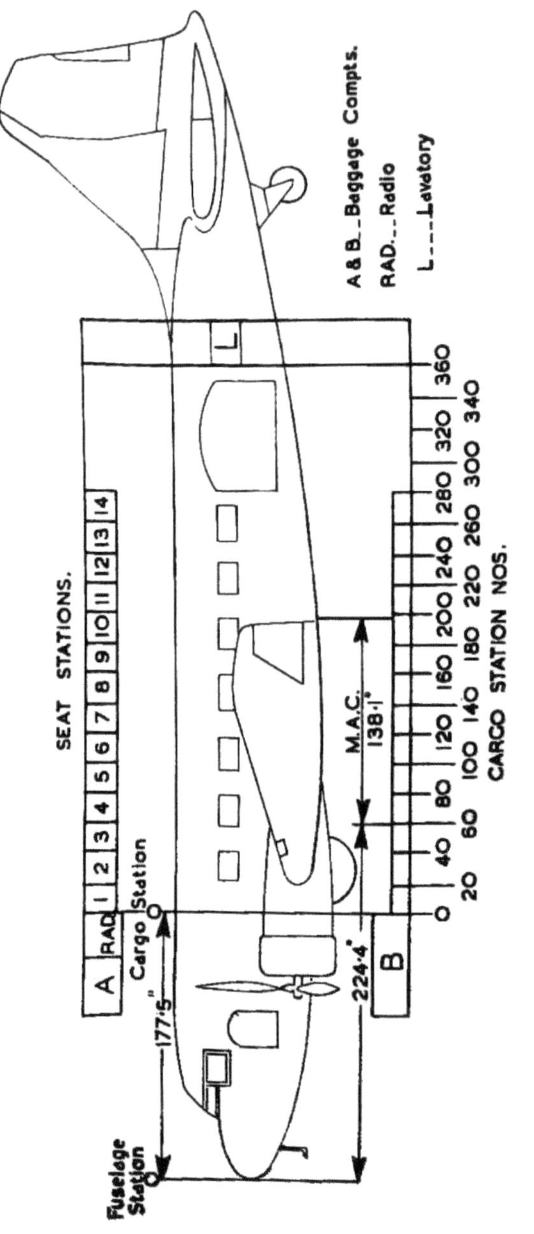

Station de fuselage = distance en pouces depuis le nez (marquage sur le dessus)
Cargo Station 0 = Station de fuselage 177,5
MAC = Corde aérodynamique moyenne [La corde d'une aile est la distance en ligne droite reliant le bord d'attaque au bord de fuite].

DIAGRAMMES DE CHARGEMENT – Fig. 6B

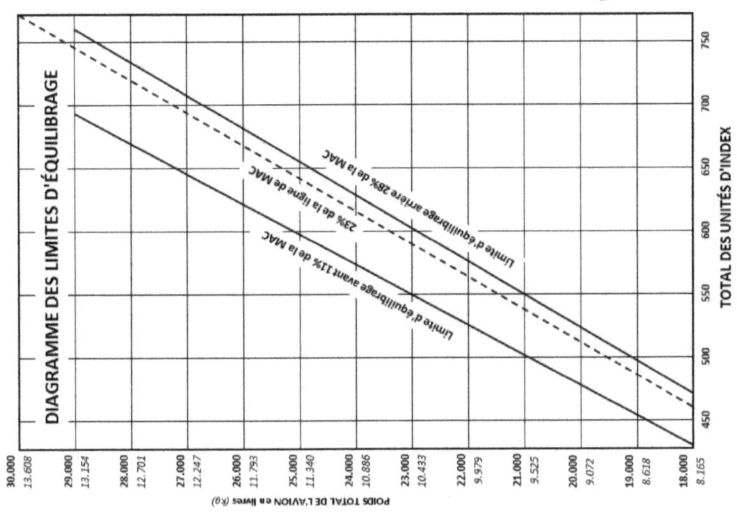

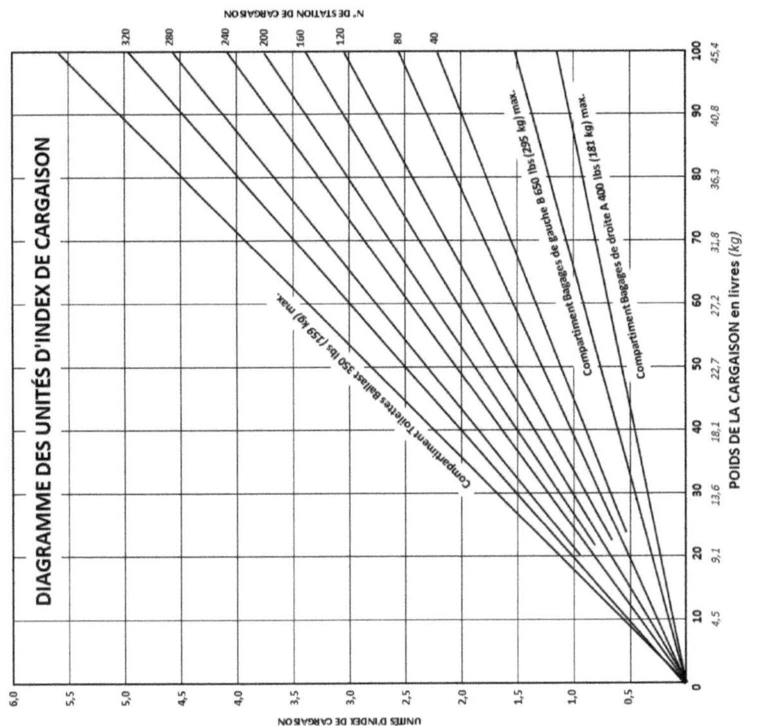

Pour les poids au-dessus de 100 livres, trouvez les unités d'index pour 1/10ᵉᵐᵉ (ou pour 1/100ᵉᵐᵉ) et multipliez par 10 (ou par 100)

UNITÉS D'INDEX =
MASSE *(en livres)* x DISTANCE MESURÉE DU NEZ *(en pouces)*
10.0000

INSTRUCTIONS

A. <u>Pour vérifier la masse totale</u> :
1. Ajoutez les masses de tous les items embarqués, y compris le carburant, au "sous-total inamovible".

B. <u>Pour vérifier l'équilibrage</u> :
1. Ajoutez les masses et les unités d'index de tous les items embarqués, SAUF LE CARBURANT DES RÉSERVOIRS DES AILES, au "sous-total inamovible".
2. Tracez la valeur obtenue sur le "Diagramme des Limites d'Équilibrage". Le point doit se trouver entre les lignes des limites. Ceci indique que l'avion sera correctement équilibré QUELLE QUE SOIT la quantité de carburant embarquée dans les réservoirs des ailes (si les réservoirs de convoyage sont à bord, ils doivent être considérés comme cargaison).
3. Si on le souhaite, un équilibrage précis pour le décollage peut être calculé en additionnant les masses et les unités d'index du carburant des réservoirs des ailes (voir le tableau) au sous-total trouvé en suivant l'instruction B.1. Il est souhaitable que la valeur ainsi déterminée, lorsque tracée sur le Diagramme des Limites d'Équilibrage, se trouve le plus près possible de la ligne de 23% de la MAC *[corde aérodynamique moyenne]* pour les meilleures conditions de vol.
4. L'instruction B.3. est fournie à titre d'information uniquement et NE DOIT PAS ÊTRE SUBSTITUÉE aux Instructions B.1. et B.2.

BIBLIOGRAPHIE SOMMAIRE SUR LE DAKOTA ET LES OPÉRATIONS AÉROPORTÉES

Il y a de nombreux ouvrages consacrés au Dakota et aux opérations aéroportées. Quelques exemples sont listés ci-après. Un court commentaire en italique donne quelques impressions de lecture.

By air to battle : the official account of the British First and Sixth Airborne Divisions. Great Britain Air Ministry. 1945.

BLACKAH, Paul. **Douglas DC-3 Dakota, owners workshop manual**. Haynes. 2011. ISBN 978-0857330703.

BUCKINGHAM, William F.. **Paras : the untold story of the birth of British airborne forces.** Tempus Publishing. 2008. ISBN 978-0752445946. *Un excellent résumé, bien recherché et argumenté, des débuts aéroportés britanniques et des querelles entre Armée de Terre et RAF.*

DOYLE, David. **C-47 Skytrain: The "Gooney" Bird from Douglas**. Schiffer Publishing. 2024. ISBN 978-0764367908.

KAPLAN, Philip. **Legend : the story of the DC-3/C-47 Dakota**. 2009. ISBN 978-0955706110.

FRANCILLON, René. J.. **McDonnell Douglas aircraft since 1920**. Putnam Aeronautical. 1988. ISBN 978-0870214288. *Comme tous les livres de la collection Putnam Aeronautical, une excellente référence pour les avions de ce constructeur.*

HUSTON, James, A.. **Out of the Blue : Us Army Airborne Operations in World War II.** Purdue University Press. 1972. ISBN 978-1557531483. *Ouvrage basé sur une très bonne recherche documentaire et assez complet sur la genèse des troupes aéroportées US. Lecture un peu aride.*

KAPLAN, Philip. **Legend : the story of the DC-3/C-47 Dakota**. 2009. ISBN 978-0955706110.

NORTON, G. G.. **Red Devils : The story of the British Airborne Forces**. Leo Cooper. 1971. ISBN 9780850520453

OTWAY, Terence B. H. (Lieutenant-Colonel). **Airborne Forces : The Second World War 1939-1945**. Air Publication 3231 de l'Air Ministry. 1951. (Édition à publication restreinte pour raisons de sécurité. Re-publié en 1990 par l'Imperial War Museum : ISBN 978-0901627575, et en 2014 par Naval and Military Press : ISBN 978-1783311132*). Un excellent ouvrage, très détaillé et très recherché sur le côté britannique de l'histoire des troupes aéroportées. Ce livre détaille bien des aspects qui sont ignorés dans d'autres publications, comme par exemple les rouages des décisions prises par le Ministère de l'Air ou le War Office. L'auteur commandait le 9ème*

Bataillon Parachutiste chargé de la prise de la batterie de Merville en juin 1944, et connaissait donc bien son sujet.

PEARCY, Arthur. **The Dakota**. Ian Allan. 1972.

VAN REKEN, Donald. **The 32nd Troop Carrier Squadron : An airborne C-47 squadron, 1942-1945 : pilots, paratroops, and gliders in North Africa, Sicily, England, France & Germany**. 1989.

WOOD, D. H. (Wing Commander). **A noble pair of Brothers : A history of No. 38 Group**. 1996. ISBN 978-0952837701. *Livre retraçant l'histoire du 38ème Groupe de la RAF des origines aux années 1990. Les planeurs occupent une bonne place dans la partie consacrée à la seconde guerre mondiale.*

WRIGHT, Lawrence. **The Wooden Sword**. Elek. 1967. ISBN 978-0236177769. *Un excellent résumé du développement des troupes aéroportées britanniques par l'un des pionniers des planeurs qui participa à la création de l'école de Ringway, puis à la planification des opérations en Afrique et en Europe du Nord, le tout enveloppé avec un obligatoire humour anglais qui en rend la lecture passionnante.*

QUELQUES TITRES DE CETTE SÉRIE

Utilisation principale	Avion
Formation	Tiger Moth II ; Harvard III (AT-6)
Chasseur et **chasseur-bombardier**	Spitfire I ; Spitfire F.IX, PR.XI & LFXVI Mosquito FII, NF: XII, XIII, XVII & XIX Havoc II (A-20) ; Typhoon IAB Airacobra I (P-39) ; Mohawk IV (P-36) Tomahawk I & II (P-40) ; Thunderbolt I & II (P-47) ; Beaufigther VI, TFX & TFXI Hurricane I et Sea Hurricane I ; Mustang III & IV (P-51) ; Meteor III ; Vampire F1
Bombardement	Lancaster I, III, X ; Halifax II & V ; Mitchell II (B-25) ; Fortress GRIIA, GRII & III, BII &III (B-17)
Planeur de combat ou **transport de parachutistes**	Dakota I, III & IV (C-47) ; Hadrian I (CG-4A) ; Hamilcar I ; Horsa I & II
Aéronavale et **surveillance maritime**	Corsair I à IV (F4U, F3A & FG-1) ; Hellcat I & II (F6F) ; Swordfish I à IV ; Martlet II & III (F4F Wildcat) ; Avenger I, II & III (TBF & TBM) ; Catalina I, IB, II & IV (PBY) Wellington III & X
Missions secrètes	Lysander III & IIIA